丛书主编：戴　琼

北京注协中小会计师事务所发展促进委员会系列丛书

高新技术企业认定专项审计操作实务

GAOXIN JISHU QIYE RENDING ZHUANXIANG SHENJI CAOZUO SHIWU

鲍丽华◎主编

中国财经出版传媒集团
中国财政经济出版社
北京

图书在版编目（CIP）数据

高新技术企业认定专项审计操作实务 / 鲍丽华主编
. --北京 ：中国财政经济出版社，2024.6（2025.5重印）
（北京注协中小会计师事务所发展促进委员会系列丛书）
ISBN 978-7-5223-3164-5

Ⅰ.①高… Ⅱ.①鲍… Ⅲ.①高技术企业-认定-审计 Ⅳ.①F239.6

中国国家版本馆 CIP 数据核字（2024）第 099121 号

责任编辑：温彦君　　责任校对：张　凡
封面设计：智点创意　　责任印制：史大鹏

高新技术企业认定专项审计操作实务
GAOXIN JISHU QIYE RENDING ZHUANXIANG SHENJI CAOZUO SHIWU

中国财政经济出版社 出版
URL：http：//www.cfeph.cn
E-mail：cfeph@cfeph.cn

社址：北京市海淀区阜成路甲 28 号　邮政编码：100142
营销中心电话：010-88191522
天猫网店：中国财政经济出版社旗舰店
网址：https：//zgczjjcbs.tmall.com
涿州汇美亿浓印刷有限公司印刷　各地新华书店经销
成品尺寸：170mm×240mm　16 开　16.75 印张　233 000 字
2024 年 6 月第 1 版　2025 年 5 月河北第 2 次印刷
定价：68.00 元
ISBN 978-7-5223-3164-5
（图书出现印装问题，本社负责调换，电话：010-88190548）
本社质量投诉电话：010-88190744
打击盗版举报热线：010-88191661　QQ：2242791300

编 委 会

丛书顾问：方　宇

丛书主编与编委会主任委员：戴　琼

编委会副主任委员：王凤波　黄玉珍

编委：（按姓氏笔画排序）

于淑君　王凤波　白艳娟　安根生　李　丽　李春莉　李勋浩

李　靖　吴长波　吴　红　单晨云　袁灵新　黄玉珍　常　卿

鲍丽华　戴　琼

前　言

为深入学习贯彻党的二十大精神，落实《国务院办公厅关于进一步规范财务审计秩序 促进注册会计师行业健康发展的意见》（国办发〔2021〕30号）文件要求，促进中小会计师事务所的高质量发展和人才战略，研判中小会计师事务所发展中存在的痛点、难点、堵点问题，提出改革创新建议；促进中小会计师事务所经验交流，分享先进经验。北京注册会计师协会第八届理事会三次会议审议通过，成立了中小会计师事务所发展促进委员会（以下简称“中小所促进委员会”）。中小所促进委员会成立后，一直致力于如何加强中小会计师事务所执业规范，解决中小会计师事务所执业难题，提高中小会计师事务所执业质量，培养中小会计师事务所的核心竞争能力，促进中小会计师事务所做专、做精、做强，真正实现“专精特新”发展。

根据目前中小会计师事务所以专项审计为主要业务范畴的实际情况，为贯彻落实注册会计师执业规范和具体审计指引、提高会计师事务所专项审计的执业能力、不断培养专项审计专业人才，努力促进注册会计师行业发展，积极推进国家诚信体系建设，中小所促进委员会组织资深专家学者、具有多年从事专项审计工作的行业领军人才和一线具体执业人员，对科研项目（课题）结题审计、基本建设项目预决算财务审计、财政资金预算绩效审计、领导干部经济责任审计、财务收支审计、民非组织专项审计、高新（双软）认定专项审计等中小会计师事务所广泛从事的业务，从理论发展、执业经验、具体操作等方面进行系统研究和总结，适时编辑出版。旨在以此为手段，进一步促进注册会计师行业专项审计的专业化、规范化、精细化。

本书是鲍丽华委员在长期从事高新技术企业认定专项审计工作的基础上，按照《高新技术企业认定管理办法》和《高新技术企业认定管理工作指引》的规定，结合中国注册会计师协会《高新技术企业认定专项审计指引》的要求，对高新技术企业认定专项审计工作进行的深入分析与解读，旨在为会计师事务所从事高新技术企业认定审计工作提供具体的操作指引。在本书的编写过程中，王凤波副主任对全书进行了审阅并提出了修改建议；戴琼主任对全书进行了统稿和完善；各位编委在资料的搜集与整理中给予了鼎力支持和通力合作。

本书的出版，得益于北京注册会计师协会领导的直接关心和支持，得益于中国财政经济出版社领导和编辑的大力支持，在此一并致谢！

本书致力于操作经验的交流与分享，囿于编委会成员学识，书中肯定存在不少疏漏之处，恳请同仁批评指正！

编委会

2024 年 4 月

目　录

第一章　总论 …… (1)
一、我国高新技术企业的现状与优势 …… (2)
二、高新技术企业认定专项审计 …… (4)

第二章　初步业务活动 …… (10)
一、初步业务活动的基本要求与应考虑事项 …… (10)
二、初步业务活动的内容 …… (11)
三、初步业务活动的底稿编制 …… (16)
四、业务约定书 …… (23)
五、审计资料清单 …… (30)

第三章　计划审计工作 …… (35)
一、总体审计策略 …… (36)
二、具体审计计划 …… (41)
三、审计过程中对计划的更改 …… (43)
四、指导、监督和复核 …… (43)

第四章　风险评估和风险应对 …… (45)
一、了解申报企业及其环境（不包括内部控制） …… (46)
二、从整体层面了解和评价申报企业的内部控制 …… (57)

三、从业务流程层面了解和评价申报企业的内部控制 …………（67）
四、识别和评估重大错报风险 …………（92）
五、风险应对 …………（98）

第五章　对研究开发费用实施的进一步审计程序 …………（101）
一、控制测试 …………（102）
二、实质性程序 …………（110）

第六章　对高新技术产品（服务）收入实施的进一步审计程序 …（178）
一、控制测试 …………（178）
二、实质性程序 …………（182）

第七章　完成审计工作 …………（206）
一、整理、评价审计证据 …………（206）
二、整理、复核审计工作底稿 …………（208）
三、专项审计报告的要素 …………（226）
四、专项审计报告的类型 …………（229）
五、研究开发费用结构明细表和高新技术产品（服务）收入明细表及其编制说明参考格式 …………（248）

参考文献 …………（256）

第一章

总　论

党的二十大报告提出："必须坚持科技是第一生产力、人才是第一资源、创新是第一动力，深入实施科教兴国战略、人才强国战略、创新驱动发展战略，开辟发展新领域新赛道，不断塑造发展新动能新优势。"党的十八大以来，以习近平同志为核心的党中央观大势、谋全局、抓根本，作出"必须把创新作为引领发展的第一动力"的重大战略抉择，实施创新驱动发展战略，坚持创新在我国现代化建设全局中的核心地位，把科技自立自强作为国家发展的战略支撑，走出了一条从人才强、科技强，到产业强、经济强、国家强的发展道路。习近平总书记明确指出："科技自立自强是国家强盛之基、安全之要。我们必须完整、准确、全面贯彻新发展理念，深入实施创新驱动发展战略，把科技的命脉牢牢掌握在自己手中"。2023 年 3 月 5 日，习近平总书记在参加十四届全国人大一次会议江苏代表团审议时强调："加快实现高水平科技自立自强，是推动高质量发展的必由之路。""我们能不能如期全面建成社会主义现代化强国，关键看科技自立自强。"

当前，我国在一些关键核心技术方面受制于人的局面尚未根本改变，创造新产业、引领未来发展的科技储备还远远不够，不少产业还处于全球产业链价值链中低端。加快构建新发展格局，加快建设以实体经济为支撑的现代化产业体系，要求我们在科技自立自强上取得更大进展，不断提升我国发展独立性、自主性、安全性。迈上全面建设社会主义现代化国家新征程、向第二个百年奋斗目标进军，科技、人才、创新的战略意义需提升到新的高度。

一、我国高新技术企业的现状与优势

高新技术企业是指在国家重点支持的高新技术领域内，持续进行研究开发与技术成果转化，形成企业核心自主知识产权，并以此为基础开展经营活动，在中国境内（不包括港、澳、台地区）注册一年以上的居民企业。根据现行政策，国家重点支持的高新技术领域分为八大类，分别为电子信息、生物与新医药、航空航天、新材料、高技术服务、新能源与节能、资源与环境和先进制造与自动化。

（一）我国高新技术企业的现状

截至2022年12月31日，我国高新技术企业共有394 525家，年末从业人员4 592.00万人，营业收入720 237.80亿元。

2018年至2022年，我国高新技术企业数、年末从业人员及营业收入数据如图1－1所示。

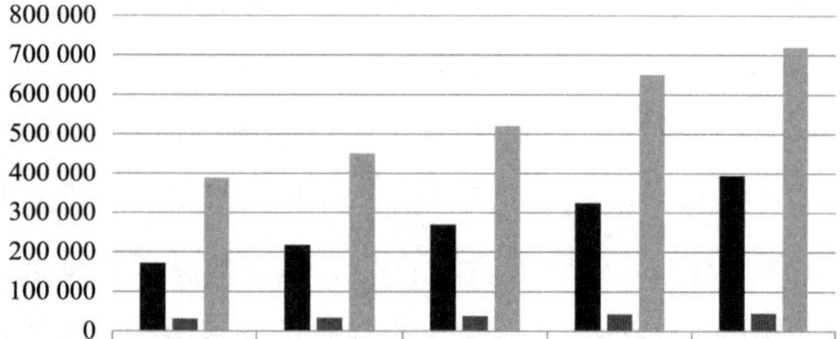

	2018年	2019年	2020年	2021年	2022年
■高新技术企业数（家）	172 262	218 544	269 896	324 112	394 525
■年末从业人员（千人）	31 316.00	34 370.00	38 588.00	42 591.00	45 920.00
■营业收入（亿元）	389 203.70	450 957.70	520 845.00	650 459.20	720 237.80

■高新技术企业数（家）　■年末从业人员（千人）　■营业收入（亿元）

图1－1　2018—2022年我国高新技术企业数、年末从业人员及营业收入情况

数据来源：《中国火炬统计年鉴2023》。

为进一步做好高新技术企业认定管理工作，强化对高新技术企业的监督管理，以查促管、查改并进，全国高新技术企业认定管理工作领导小组办公室在全国范围内开展了对高新技术企业认定管理工作的检查。对经检查发现不符合条件的企业将不予认定，已取得认定的企业将取消其高新技术企业资格，并在高新技术企业认定管理工作网及相关网站公告。2019 年以来，每年被取消高新技术企业资格的企业呈明显增长趋势，具体如图 1－2 所示。

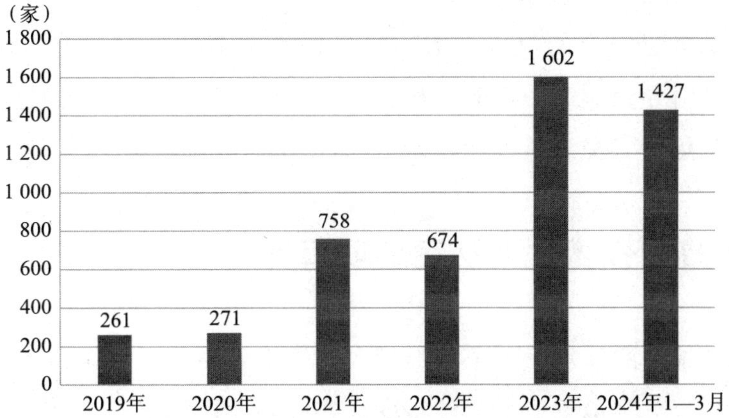

图 1－2　2019 年至 2024 年 3 月我国取消高新技术企业资格情况

数据来源：根据高新技术企业认定管理工作网公示公告数据汇总。

（二）高新技术企业带来的竞争优势

1. 享受税收优惠政策

根据《中华人民共和国企业所得税法》及其实施条例的有关规定，凡经认定的高新技术企业，其企业所得税可以享受 15% 的优惠税率；如有亏损，自 2018 年 1 月 1 日起，当年具备高新技术企业资格的，其具备资格年度之前 5 个年度发生的尚未弥补完的亏损准予结转以后年度弥补，最长结转年限由 5 年延长至 10 年。

2. 国家科研经费支持和财政拨款

高新技术企业称号将是众多政策性支持（如资金扶持等）的基本门

槛。经认定的高新技术企业凭批准文件和高新技术企业认定证书，更容易获得国家、省、市各级的科研经费支持和财政拨款。

3. 提升品牌形象、提高企业市场竞争能力

高新技术企业的认定，将有效地提高企业科技研发的管理水平，促使企业重视科技研发、提高企业核心竞争力，为企业在市场竞争中提供有力的技术支撑，极大地提升企业品牌形象。这对于提高企业市场竞争能力具有非常大的帮助。

4. 促进企业科技转型

创新是企业发展的根本动力。高新技术企业认定政策是一项引导政策，目的是引导企业调整产业结构，走自主、持续创新的发展道路，激发自主创新的热情，提高科技创新能力。

二、高新技术企业认定专项审计

高新技术企业认定专项审计是指会计师事务所或税务师事务所接受申报企业委托，对其最近三个会计年度（实际经营不满三年的按实际经营年限）的研究开发费用结构明细表和最近一个会计年度的高新技术产品（服务）收入明细表进行审计，并出具专项审计报告。

（一）高新技术企业认定专项审计的特点

高新技术企业认定专项审计作为一项具有特定要求的审计工作，其特点主要包括：

1. 专项性。专门针对申请高新技术企业认定资格的企业进行，以核查企业是否符合国家高新技术企业的认定标准。

2. 独立性。专项审计工作由独立的第三方专业审计机构进行，保证审计结果的公正性。

3. 完整性。审计内容涵盖企业的研发能力、技术创新能力、知识产权情况、科研成果转化情况等多方面内容，全面评估企业的技术水平。

4. 时效性。审计结果适用于当前申请年度，对于未来年度是否可以继续享受高新技术企业的优惠政策，需要重新进行审计。

5. 指导性。完成审计后，审计机构会对企业不足之处提出改进意见，帮助企业提升科技创新能力。

（二）高新技术企业认定专项审计的依据

注册会计师执行高新技术企业认定专项审计业务的主要依据包括中国注册会计师审计准则（以下简称“审计准则”）和中国注册会计师协会发布的《高新技术企业认定专项审计指引》（以下简称“专项审计指引”）。

（三）高新技术企业认定专项审计的目标

高新技术企业认定专项审计的目标是注册会计师通过实施审计工作对申报企业申报明细表的下列方面发表审计意见：

1. 研究开发费用结构明细表和高新技术产品（服务）收入明细表是否在适用的会计准则和相关会计制度框架下，按照《高新技术企业认定管理办法》和《高新技术企业认定管理工作指引》的规定编制。

2. 研究开发费用结构明细表和高新技术产品（服务）收入明细表是否在所有重大方面公允反映了申报企业在所审计期间的研究开发费用和高新技术产品（服务）收入情况。

（四）高新技术企业认定专项审计的适用范围

高新技术企业认定专项审计只适用于申报企业拟向有关部门申请进行高新技术企业认定时使用，不得用于其他目的。

（五）高新技术企业认定专项审计的总体要求

高新技术企业认定专项审计报告是高新技术企业认定的一项重要评审依据，用于评审确定申报企业近三个会计年度研究开发费用、近一个会计年度高新技术产品（服务）收入等重要指标数据，关乎高新技术企业认定工作客观性、公正性和真实性。高新技术企业认定专项审计工作政策性强、审计风险大，要求注册会计师应具有良好的职业道德，勤勉尽责，了解国家科技、经济及产业政策，熟悉《高新技术企业认定管理办法》和《高新技术企业认定管理工作指引》等相关政策，熟练掌握并有效执行《高新技术企业认定专项审计指引》。

专项审计指引明确定位高新技术企业认定专项审计属于特殊目的审计，这就意味着注册会计师执行该类业务需要在审计准则的总体框架下，按照风险导向审计理念执行审计工作，突出高新技术企业认定专项审计工作的特殊性，承担高新技术企业认定专项审计的会计师事务所需要依据专项审计指引，制定本会计师事务所针对该特殊目的审计的具体审计程序并落实具体审计工作。

注册会计师应当了解申报企业基本情况，考虑自身独立性和专业胜任能力，在初步评估风险的基础上，确定是否接受业务委托。在承接业务时，注册会计师应当与申报企业就业务性质、审计范围、时间要求、审计收费、专项审计报告的格式和内容，以及专项审计报告的分发和使用等达成一致意见并签订业务约定书。

在执行高新技术企业认定专项审计业务时，注册会计师应当实施风险评估程序，识别和评估研究开发费用结构明细表和高新技术产品（服务）收入明细表的重大错报风险。风险评估程序本身并不足以为发表审计意见提供充分、适当的审计证据，注册会计师还应当在实施风险评估程序的基础上设计和实施进一步审计程序，包括实施控制测试（必要时或决定测试时）和实质性程序，获取充分、适当的审计证据，得出合理的审计结论，作为形成审计意见的基础。

由于审计中存在的固有限制影响注册会计师发现重大错报的能力，注册会计师不能对申报企业的研究开发费用结构明细表和高新技术产品（服务）收入明细表不存在重大错报获取绝对保证。注册会计师按照审计准则和专项审计指引的规定执行高新技术企业认定专项审计业务，能够对申报企业的研究开发费用结构明细表和高新技术产品（服务）收入明细表不存在重大错报获取合理保证。

（六）出具高新技术企业认定专项审计报告的特殊考虑

1. 高新技术企业认定专项审计报告不应后附整套财务报表

根据《中国注册会计师审计准则第 1601 号——审计特殊目的财务报表的特殊考虑》（2022 年 12 月 22 日修订）的规定，为避免信息使用者误认为对财务报表组成部分出具的审计报告与整套财务报表相关，注册会计师不应将整套财务报表附于专项审计报告后。

2. 对年度财务报表审计报告的特殊考虑

（1）注册会计师应当考虑在实施年度财务报表审计时与研究开发费用结构明细表和高新技术产品（服务）收入明细表审计有关的审计结论，关注年度财务报表审计报告的类型，是否存在与申报企业研究开发费用、高新技术产品（服务）收入相关的非标准审计报告的情况，并考虑其对本专项审计业务及审计意见的影响。

（2）如果已对整套财务报表出具否定意见或无法表示意见的审计报告，只有在企业年度研究开发费用和高新技术产品（服务）收入并不构成财务报表的主要部分时，注册会计师才可以对其出具专项审计报告。否则，会对整套财务报表的审计报告产生影响。

（七）高新技术企业认定专项审计对中介机构的要求

根据《高新技术企业认定管理办法》和《高新技术企业认定管理工作指引》的规定，申报企业申请高新技术企业认定需提交“经具有资质的中介机构出具的企业近三个会计年度研究开发费用和近一个会计年度高新技术产品（服务）收入专项审计或鉴证报告，并附研究开发活动说明材料”，其中对中介机构的条件、职责和纪律规定如下：

1. 中介机构条件

（1）具备独立执业资格，成立三年以上，近三年内无不良记录。

（2）承担认定工作当年的注册会计师或税务师人数占职工全年月平均

人数的比例不低于30%，全年月平均在职职工人数在20人以上。

（3）相关人员应具有良好的职业道德，了解国家科技、经济及产业政策，熟悉高新技术企业认定工作有关要求。

2. 中介机构职责

接受企业委托，委派具备资格的相关人员，依据《高新技术企业认定管理办法》和《高新技术企业认定管理工作指引》客观公正地对企业的研究开发费用和高新技术产品（服务）收入进行专项审计或鉴证，出具专项报告。

3. 中介机构纪律

中介机构及相关人员应坚持原则，办事公正，据实出具专项报告，对工作中出现严重失误或弄虚作假等行为的，由认定机构在“高新技术企业认定管理工作网”上公告，自公告之日起3年内不得参与高新技术企业认定相关工作。

4. 取消中介机构参与专项审计工作资格情况

随着全国高新技术企业认定管理工作领导小组办公室加强对高新技术企业认定事中事后监管，对在高新技术企业认定工作中存在弄虚作假等行为的中介机构，一经查实，将依据《高新技术企业认定管理办法》和《高新技术企业认定管理工作指引》严肃处理，涉嫌违法违规的将移送有关部门处理。如2023年4月25日厦门市高新技术企业认定管理办公室根据《高新技术企业认定管理办法》和《高新技术企业认定管理工作指引》有关规定，对未能据实出具高新企业认定专项审计/鉴证报告，在工作中出现严重失误等行为的6家中介机构，取消了其参与高新技术企业专项审计或鉴证工作资格，且要求自公告发出之日起3年内不得参与厦门市高新技术企业认定专项审计/鉴证工作。根据高新技术企业认定管理工作网公告公示栏“问题中介机构公告”统计，截至2024年4月，全国共有31家中介机构被取消高新技术企业专项审计或鉴证工作资格。

5. 对中介机构的特殊要求

随着监督的加强，各地区高新技术企业认定管理机构对中介机构提出了特殊要求。如北京市2024年高新技术企业认定管理工作中对出具高新技术企业认定专项审计报告的中介机构，做出如下特殊规定：

中介机构的信息可以通过中国注册会计师行业管理信息系统、北京市注册会计师协会官方网站或中国注册税务师协会信息服务平台和中国注册税务师协会官方网站等渠道查询。其中，会计师事务所应在近三年无受行政处罚、公开谴责、监管警示等不良记录；税务师事务所原则上其涉税专业服务机构信用积分（指国税总局《涉税专业服务信用评价管理办法（试行)》政策中“涉税专业服务信用积分”，下同）应不低于200分。企业在聘请中介机构时，要认真查询其相关资质及信用等情况，确保所聘用的中介机构符合上述条件并出具书面承诺。中介机构是审计报告真实性、合法性的第一责任人，在承接专项审计业务时要确保本单位符合上述条件并出具书面承诺。企业和中介机构如承诺不实，应承担相关责任。

符合上述条件的中介机构，在出具的专项审计报告或鉴证报告后，应附中介机构诚信承诺书、营业执照复印件、执业证书复印件、中介机构当年任职职工名单（含姓名、性别、身份证号、劳动和社会保障卡号，其中注册会计师或税务师须提供证书编号）。

第二章

初步业务活动

《高新技术企业认定专项审计指引》明确定位高新技术企业认定专项审计属于特殊目的审计，是注册会计师提供的鉴证服务业务。

针对客户关系和审计业务的接受与保持，注册会计师应当按照《中国注册会计师审计准则第 1121 号——对财务报表审计实施的质量管理》（2020 年 11 月 19 日修订）的规定，实施相应的程序。在首次接受审计委托时，注册会计师应当针对建立客户关系和承接具体审计业务，实施相应的质量管理程序；在连续审计时，注册会计师应当针对保持客户关系和具体审计业务，实施相应的质量管理程序。

一、初步业务活动的基本要求与应考虑事项

（一）初步业务活动的基本要求

开展初步业务活动的目的是帮助注册会计师制定审计计划，确保在计划审计工作时达到下列要求：

1. 注册会计师已具备执行业务所需要的独立性和专业胜任能力；

2. 不存在因申报企业管理层诚信问题而影响注册会计师承接该项业务意愿的情况；

3. 与申报企业不存在对业务约定条款的误解。

（二）接受委托时应当考虑的事项

在接受高新技术企业认定专项审计业务委托时，注册会计师应当考虑下列事项：

1. 与申报企业管理层和治理层讨论有关申报明细表审计的重大问题，包括这些重大问题对总体审计策略和具体审计计划的影响；

2. 针对预见到的特别风险，分派熟悉高新技术企业认定政策、专业胜任能力较强的人员；

3. 根据会计师事务所有关接受专项审计委托的质量控制制度实施的其他程序；

4. 申报企业最近三个会计年度财务报表接受审计的情况。

二、初步业务活动的内容

会计师事务所应按照执业准则的相关规定，谨慎决策是否接受或保持客户关系和具体审计业务，以切实履行执业责任和防范职业风险。在接受新客户的业务前，或决定是否保持现有业务，或考虑接受现有客户的新业务时，会计师事务所应当执行有关客户接受与保持的程序，以获取如下信息：（1）考虑客户的诚信，没有信息表明客户缺乏诚信；（2）具有执行业务必要的素质、专业胜任能力、时间和资源；（3）能够遵守相关职业道德要求。注册会计师在开展初步业务活动中应当考虑下列主要事项：

（一）申报企业的主要股东、关键管理人员和治理层是否诚信

《中国注册会计师鉴证业务基本准则》（2022 年 1 月 5 日修订）第九条规定："在接受委托前，注册会计师应当初步了解业务环境。业务环境包括业务约定事项、鉴证对象特征、使用的标准、预期使用者的需求、责任方及其环境的相关特征，以及可能对鉴证业务产生重大影响的事项、交

易、条件和惯例等其他事项。”

会计师事务所在承接高新技术企业认定专项审计业务前，注册会计师应当查阅相关资料，必要时可与申报企业的管理层、科研机构负责人直接沟通，分析判断申报企业主要股东、关键管理人员和治理层的诚信情况。

（二）项目组是否具备专业胜任能力及必要的时间和资源

《中国注册会计师鉴证业务基本准则》（2022 年 1 月 5 日修订）第十条规定：“在初步了解业务环境后，只有认为符合独立性和专业胜任能力等相关职业道德规范的要求，并且拟承接的业务具备下列所有特征，注册会计师才能将其作为鉴证业务予以承接：（1）鉴证对象适当；（2）使用的标准适当且预期使用者能够获取该标准；（3）注册会计师能够获取充分、适当的证据以支持其结论；（4）注册会计师的结论以书面报告形式表述，且表述形式与所提供的保证程度相适应；（5）该业务具有合理的目的。如果鉴证业务的工作范围受到重大限制，或委托人试图将注册会计师的名字和鉴证对象不适当地联系在一起，则该业务可能不具有合理的目的。”

高新技术企业认定专项审计要求注册会计师具备财务、会计、审计方面的经验并熟悉高新技术企业认定的相关政策，在评价专业胜任能力时，注册会计师还应当考虑是否接受过高新技术企业认定专项审计的相关培训。

（三）会计师事务所和项目组能否遵守职业道德规范

评价遵守职业道德规范的情况也是一项非常重要的初步业务活动。质量控制准则对包括独立性在内的有关职业道德问题提出了要求，注册会计师应当按照其规定执行。《中国注册会计师职业道德守则第 1 号——职业道德基本原则》（2020 年 12 月 17 日修订）第七条规定：“注册会计师应当遵循下列职业道德基本原则：（1）诚信；（2）客观公正；（3）独立性；（4）专业胜任能力和勤勉尽责；（5）保密；（6）良好职业行为。”会计师事务所在业务承接前，注册会计师应当评价审计项目组成员是否能够遵循这些基本原则。

1. 诚信是我国社会主义核心价值观的重要组成部分，是社会主义道德建设的重要内容，是构建社会主义和谐社会的重要纽带，同时也是社会主义市场经济运行的基础。对注册会计师行业来说，诚信是注册会计师行业存在和发展的基石，在职业道德基本原则中居于首要地位。因此，注册会计师在执业过程中应当遵循诚信原则，在所有的职业活动中保持正直、诚实守信。

2. 注册会计师应当遵循客观公正原则，公正处事，实事求是，不得由于偏见、利益冲突或他人的不当影响而损害自己的职业判断。如果存在对职业判断产生过度不当影响的情形，注册会计师不得从事与之相关的职业活动。

3. 独立性是鉴证业务的灵魂。注册会计师应当遵循独立性原则，从实质上和形式上保持独立性，不得因任何利害关系影响其客观公正。

4. 注册会计师应当遵循专业胜任能力和勤勉尽责原则。根据该原则的要求，注册会计师应当获取并保持应有的专业知识和技能，确保为客户提供具有专业水准的服务，做到勤勉尽责；注册会计师应当通过教育、培训和执业实践获取和保持专业胜任能力；注册会计师应当持续了解并掌握当前法律、技术和实务的发展变化，将专业知识和技能始终保持在应有的水平，在运用专业知识和技能时，注册会计师应当合理运用职业判断；注册会计师应当勤勉尽责，即遵守职业准则的要求并保持应有的职业怀疑，认真、全面、及时地完成工作任务；注册会计师应当采取适当措施，确保在其授权下从事专业服务的人员得到应有的培训和督导；在适当时，注册会计师应当使客户或专业服务的其他使用者了解专业服务的固有局限。

5. 注册会计师应当遵循保密原则，对职业活动中获知的涉密信息保密。根据该原则，注册会计师应当遵守下列要求：警觉无意中泄密的可能性，包括在社会交往中无意中泄密的可能性，特别要警觉无意中向关系密切的商业伙伴或近亲属泄密的可能性；对所在会计师事务所内部的涉密信息保密；对职业活动中获知的涉及国家安全的信息保密；对拟承接的客户向其披露的涉密信息保密；在未经客户授权的情况下，不得向会计师事务所以外的第三方披露其所获知的涉密信息，除非法律法规或职业准则规定注册会计师在这种情况下有权利或义务进行披露；不得利用因职业关系而获知的涉密信息为自己或第三方牟取利益；不得在职业关系结束后利用或披露因该职业关系获知的涉密信息；采取适当措施，确保下级员工以及为注册会计师提供建议和帮助的人员履行保密义务。

如果注册会计师遵循保密原则，信息提供者通常可以放心地向注册会计师提供其从事职业活动所需的信息，而不必担心该信息被其他方获知，这有利于注册会计师更好地维护公众利益。

6. 注册会计师应当遵循职业行为原则，爱岗敬业，遵守相关法律法规，避免发生任何可能损害职业声誉的行为。注册会计师不得在明知的情况下，从事任何可能损害诚信原则、客观公正原则或良好职业声誉，从而可能违反职业道德基本原则的业务、职务或活动。如果一个理性且掌握充分信息的第三方很可能认为某种行为将对良好的职业声誉产生负面影响，则这种行为属于可能损害职业声誉的行为。注册会计师在向公众传递信息以及推介自己和工作时，应当客观、真实、得体，不得损害职业形象。注册会计师应当诚实、实事求是，不得有下列行为：夸大宣传提供的服务、拥有的资质或获得的经验；贬低或无根据地比较他人的工作。

值得注意的是，由于审计过程中情况会发生变化，因此注册会计师对上述事项的考虑应当贯穿审计业务的全过程。例如，在审计过程中，如果注册会计师发现申报明细表存在舞弊迹象，而对管理层、治理层的诚信产生了极大疑虑，注册会计师需要针对这一新情况，重新考虑是否继续承办该项业务。

（四）对申报企业是否具备申报高新技术企业的基本条件进行初步了解

注册会计师应根据《高新技术企业认定管理办法》和《高新技术企业认定管理工作指引》中“认定为高新技术企业须同时满足以下条件”的相关规定，对申报企业是否具备申报高新技术企业的基本条件做初步了解，需重点关注以下内容：

1. 申报企业注册地点、时间，判定申请认定时是否属于中国境内（不包括港、澳、台地区）注册一年以上的居民企业；

2. 申报企业的性质、行业状况、法律环境与监管环境以及其他外部因素；

3. 申报企业开展的经营活动，是否属于利用自主研发、受让、受赠、并购等方式获得的知识产权开展，并持续进行研究开发与技术成果转化；

4. 申报企业研发活动领域是否属于《国家重点支持的高新技术领域》范围；

5. 申报企业研究与开发业务流程，是否建立完善的研发项目管理制度，研发支出是否建立专门的内控制度；

6. 申报企业获得对其主要产品（服务）在技术上发挥核心支持作用的知识产权所有权及取得方式；

7. 申报企业从事研发和相关技术创新活动的科技人员占企业当年职工总数的比例；

8. 申报企业对财务会计制度的选择与运用，是否按要求设立高新技术企业认定专用研究开发费用辅助核算账目；

9. 申报企业最近三个年度的净资产增长率、销售收入增长率等指标，对企业成长性进行衡量与评价；

10. 申报企业最近三个年度的企业所得税纳税申报情况；

11. 申报企业前一年内是否发生重大安全、重大质量事故或严重环境违法行为。

（五）初步调查和了解后，若申报企业出现以下情形，会计师事务所不应承接高新技术企业认定专项审计业务

1. 申报企业未获得对其主要产品（服务）在技术上发挥核心支持作用的知识产权所有权；

2. 申报企业不符合高新技术企业认定的基本条件；

3. 申报企业近三个会计年度按适用企业会计准则、小企业会计准则或企业会计制度归集核算的研究开发费用，按照高新技术企业认定口径调整

后的研究开发费用未达到认定条件；

4. 申报企业要求签订具有风险的代理收费或按认定结果收费的业务委托协议；

5. 既要求出具高新技术企业认定专项审计报告，又要求签订为其编制研发费用辅助账的业务委托协议；

6. 既要求出具高新技术企业认定专项审计报告，又要求签订为其代理高新技术企业认定申报的业务委托协议；

7. 其他违反执业准则的情形。

三、初步业务活动的底稿编制

编制审计工作底稿既是对已获取证据的记录，也是整个审计工作框架的基础。初步业务活动的底稿编制是审计过程的关键一步。具体包括以下内容：

1. 初步业务活动审计程序表

为了更好地计划和实施审计工作，明确初步业务活动目标和相关审计程序，注册会计师必须编制初步业务活动审计程序表，详见示例 2－1。

示例 2－1：初步业务活动审计程序表如表 2－1 所示。

表 2－1　　初步业务活动审计程序表

<table>
<tr><td rowspan="2">被审计单位：</td><td>索引号：</td><td>1010</td><td>页　　次：</td><td></td></tr>
<tr><td>编　制：</td><td></td><td>编制日期：</td><td></td></tr>
<tr><td>审计期间：</td><td>复　核：</td><td></td><td>复核日期：</td><td></td></tr>
<tr><td colspan="5">初步业务活动目标和审计程序</td></tr>
<tr><td colspan="5">一、初步业务活动目标</td></tr>
<tr><td colspan="5">1. 确定是否接受业务委托</td></tr>
<tr><td colspan="5">2. 如接受业务委托，确保在计划审计工作时达到下列要求：</td></tr>
<tr><td colspan="5">2.1 注册会计师已具备执行业务所需要的独立性和专业胜任能力</td></tr>
<tr><td colspan="5">2.2 不存在因管理层诚信问题而影响注册会计师承接或保持该项业务意愿的情况</td></tr>
<tr><td colspan="5">2.3 与被审计单位不存在对业务约定条款的误解</td></tr>
</table>

续表

二、审计程序	执行人	索引号
1. 考虑客户来源对审计风险的影响		
2. 对被审计单位基本情况及其环境进行初步了解		
3. 对被审计单位是否具备申报高新技术企业的基本条件进行初步了解		
4. 对被审计单位的主要股东、关键管理人员和治理层的诚信进行评价		
5. 对会计师事务所和项目组能否遵守职业道德规范进行评价		
6. 了解被审计单位最近三个会计年度财务报表接受审计的情况，是否单独承接专项审计		
7. 向被审计单位确认专项审计范围、审计期间、专项审计报告提交时间		
8. 对项目组具备的专业胜任能力及必要的时间和资源进行评价		
9. 向被审计单位明确被审计单位管理层的责任和注册会计师、会计师事务所的责任		
10. 对利用其他注册会计师和专家工作的安排		
11. 与前任注册会计师（如存在）沟通的安排		
12. 审计收费的初步约定和收费安排		
13. 其他需要达成一致意见的事项		
14. 完成业务承接评价表或业务保持评价表		
15. 签订审计业务约定书		

2. 业务承接评价表或业务保持评价表

注册会计师应当根据客户关系和具体业务的接受与保持的相关要求，编制业务承接评价表或业务保持评价表，详见示例2-2和示例2-3。

示例2-2：业务承接评价表如表2-2所示。

表2-2　　**业务承接评价表**

<table>
<tr><td rowspan="2">被审计单位：</td><td>索引号：</td><td>1020</td><td colspan="2">页　次：</td></tr>
<tr><td>编　制：</td><td></td><td colspan="2">编制日期：</td></tr>
<tr><td>审计期间：</td><td>复　核：</td><td></td><td colspan="2">复核日期：</td></tr>
<tr><td colspan="2">调 查 内 容</td><td>是</td><td>否</td><td>说 明</td></tr>
<tr><td colspan="2">1. 考虑客户来源对审计风险的影响</td><td></td><td></td><td></td></tr>
<tr><td colspan="2">2. 对被审计单位基本情况及其环境进行初步了解，包括行业、近年来经营状况等</td><td></td><td></td><td></td></tr>
</table>

续表

调查内容	是	否	说明
3. 对照高新技术企业申报的基本条件要求，对被审计单位是否具备申报条件进行初步了解			
4. 了解被审计单位的主要股东、关键管理人员和治理层诚信情况			
5. 会计师事务所和项目组能否遵守职业道德规范：			
5.1 向客户收取的全部费用是否在事务所上年审计收入总额中占有很大比重			
5.2 事务所高级管理人员是否与客户的董事或高级管理人员存在直系亲属或近缘亲属关系			
5.3 事务所高级管理人员是否与客户对财务报表产生重大影响的员工存在直系亲属或近缘亲属关系			
5.4 客户的董事或高级管理人员，或所处职位能够对财务报表产生重大影响的员工近期是否曾是事务所的合伙人			
5.5 事务所是否在客户中拥有经济利益			
5.6 事务所是否为客户提供可能影响独立性的服务，包括行使管理层职责的服务、代理记账或代编报表等服务			
6. 被审计单位最近三个会计年度财务报表审计情况：			
6.1 是否已经过审计，本次委托是否为单独委托专项审计			
6.2 年报审计意见类型、审计报告内容是否可能影响本次专项审计结论			
7. 向被审计单位确认专项审计范围、审计期间、专项审计报告提交时间，确认项目组专业胜任能力及必要的时间和资源情况：			
7.1 根据初步了解的被审计单位情况，是否能够安排熟悉高新技术企业认定的相关政策、能够胜任此项业务的注册会计师			
7.2 项目组人员数量是否充足，能够按约定时间完成审计工作			
8. 是否已向被审计单位明确被审计单位管理层的责任和注册会计师、会计师事务所的责任			
9. 明确是否需要利用其他注册会计师和专家工作			
10. 是否存在需与前任注册会计师沟通的情况			
11. 与客户沟通，是否能够就审计收费和收费安排达成一致，预计审计收费及可收回性			
12. 是否就业务约定条款与被审计单位充分沟通并达成一致理解			
13. 其他需要达成一致意见的事项			
结论：接受委托（　　）　不接受委托（　　）			

续表

项目负责人建议： 签字： 日期：	项目合伙人意见： 签字： 日期：
拒绝接受委托的主要原因：	

注：被审计单位含有分支机构时，如果注册会计师仅审计被审计单位总部申报明细表，或在审计总部申报明细表的同时只审计部分分支机构申报明细表，其余分支机构的申报明细表由其他注册会计师实施审计的，应当在专项审计业务约定书中明确说明。

示例2－3：业务保持评价表如表2－3所示。

表2－3　　业务保持评价表

被审计单位：	索引号：	1030	页　　次：	
	编　制：		编制日期：	
审计期间：	复　核：		复核日期：	
调 查 内 容		是	否	说 明
1. 了解客户基本情况变化				
2. 对照高新技术企业申报的基本条件要求，对被审计单位是否具备申报条件进行初步了解				
3. 了解被审计单位的主要股东、关键管理人员和治理层诚信情况				
4. 会计师事务所和项目组能否遵守职业道德规范：				
4.1 向客户收取的全部费用是否在事务所上年审计收入总额中占有很大比重				
4.2 事务所高级管理人员是否与客户的董事或高级管理人员存在直系亲属或近缘亲属关系				
4.3 事务所高级管理人员是否与客户对财务报表产生重大影响的员工存在直系关系或近缘亲属关系				

续表

调查内容	是	否	说明
4.4 客户的董事或高级管理人员，或所处职位能够对财务报表产生重大影响的员工近期是否曾是事务所的合伙人			
4.5 事务所是否在客户中拥有经济利益			
4.6 事务所是否为客户提供可能影响独立性的服务，包括行使管理层职责的服务、代理记账或代编报表等服务			
5. 被审计单位最近三个会计年度财务报表审计情况：			
5.1 是否已经过审计，本次委托是否为单独委托专项审计			
5.2 年报审计意见类型、审计报告内容是否可能影响本次专项审计结论			
6. 向被审计单位确认专项审计范围、审计期间、专项审计报告提交时间，确认项目组专业胜任能力及必要的时间和资源情况：			
6.1 根据初步了解的被审计单位情况，是否能够安排熟悉高新技术企业认定的相关政策、能够胜任此项业务的注册会计师			
6.2 项目组人员数量是否充足，能够按约定时间完成审计工作			
7. 是否已向被审计单位明确被审计单位管理层的责任和注册会计师、会计师事务所的责任			
8. 与客户沟通，是否能够就审计收费和收费安排达成一致，预计审计收费及可收回性			
9. 是否就业务约定条款与被审计单位充分沟通并达成一致理解			
10. 其他需要达成一致意见的事项			
结论：接受委托（　　）　不接受委托（　　）			
项目负责人建议： 签字： 日期：	项目合伙人意见： 签字： 日期：		
拒绝接受委托的主要原因：			

注：被审计单位含有分支机构时，如果注册会计师仅审计被审计单位总部申报明细表，或在审计总部申报明细表的同时只审计部分分支机构申报明细表，其余分支机构的申报明细表由其他注册会计师实施审计的，应当在专项审计业务约定书中明确说明。

3. 企业基本情况表

注册会计师应根据《高新技术企业认定管理工作指引》的要求，编制企业基本情况表，详见示例2－4。

示例2－4：企业基本情况表如表2－4所示。

表2－4　　企业基本情况表

被审计单位：	索引号：	1040	页次：	
	编　制：		编制日期：	
审计期间：	复　核：		复核日期：	

企业名称				所属行业			
				所属的国家重点支持的高新技术领域			
注册地址				邮编			
实际经营地址				联系人			
开户银行		银行账号		联系人电话			
工商登记	成立日期			经营期限			
	统一社会信用代码			主管税务机关			
主要经营范围							
董事长		总经理		财务负责人		技术负责人	
联系方法		联系方法		联系方法		联系方法	

投资者名称	注册金额	出资比例	实收金额	占注册资本比例（%）
合　计				

	分支机构名称	所在地	从事行业	财务数据是否纳入本次申报范围	
分支机构概况				是	否

续表

近三年年报和企业所得税汇算清缴审计情况	年度	出具审计报告事务所	报告文号	审计意见类型	出具所得税汇缴报告事务所	报告文号

4. 初步了解申报高新技术企业相关情况表

注册会计师应根据《高新技术企业认定管理工作指引》的要求，编制初步了解申报高新技术企业相关情况表，详见示例2－5。

示例2－5：初步了解申报高新技术企业相关情况表如表2－5所示。

表2－5　　　　初步了解申报高新技术企业相关情况表

<table>
<tr><td colspan="2" rowspan="2">被审计单位：</td><td>索引号：</td><td>1050</td><td colspan="2">页　次：</td></tr>
<tr><td>编　制：</td><td></td><td colspan="2">编制日期：</td></tr>
<tr><td colspan="2">审计期间：</td><td>复　核：</td><td></td><td colspan="2">复核日期：</td></tr>
<tr><td colspan="2">主要高新技术产品（服务）所属技术领域</td><td colspan="4"></td></tr>
<tr><td colspan="2" rowspan="2">获得知识产权数量（件）</td><td colspan="2">获得Ⅰ类知识产权数量（件）</td><td colspan="2"></td></tr>
<tr><td colspan="2">获得Ⅱ类知识产权数量（件）</td><td colspan="2"></td></tr>
<tr><td rowspan="2">人力资源情况（人）</td><td>职工总数（人）</td><td></td><td>从事研发和相关技术创新活动的科技人员数（人）</td><td colspan="2"></td></tr>
<tr><td>科技人员占比（%）</td><td colspan="4"></td></tr>
<tr><td rowspan="5">近三年经营情况（万元）</td><td>年度/种类</td><td>净资产</td><td>销售收入</td><td colspan="2">备注</td></tr>
<tr><td>第1年</td><td></td><td></td><td colspan="2"></td></tr>
<tr><td>第2年</td><td></td><td></td><td colspan="2"></td></tr>
<tr><td>第3年</td><td></td><td></td><td colspan="2"></td></tr>
<tr><td>增长率</td><td></td><td></td><td colspan="2"></td></tr>
</table>

续表

研究开发费用情况	年报审计报告中金额	所得税申报表（期间费用表）金额	财务账簿记录金额	其中：在中国境内研发费用总额
第 1 年研究开发费用（万元）				
第 2 年研究开发费用（万元）				
第 3 年研究开发费用（万元）				
近三年研究开发费用总额（万元）				
近一年企业总收入（万元）				
近一年高新技术产品（服务）收入（万元）				
申请认定前一年内是否发生过重大安全、重大质量事故或严重环境违法行为				

四、业务约定书

在作出接受或保持客户关系及具体审计业务的决策后，注册会计师应当按照《中国注册会计师审计准则第 1111 号——就审计业务约定条款达成一致意见》（2022 年 1 月 5 日修订）的规定，在审计业务开始前，与申报企业就审计业务约定条款达成一致意见，签订或修改《高新技术企业认定专项审计业务约定书》（以下简称“专项审计业务约定书”），以避免双方对审计业务理解产生分歧。

（一）签订专项审计业务约定书的总体要求

注册会计师应当在专项审计业务开始前，与申报企业就专项审计业务约定条款达成一致意见，并以书面形式签订专项审计业务约定书，以避免双方对专项审计业务的理解产生分歧。

（二）专项审计业务约定书的内容

专项审计业务约定书的内容，包括专项审计业务约定书的必备条款和应当考虑增加的其他条款等。专项审计业务约定书的具体内容可参考《中国注册会计师审计准则第1111号——就审计业务约定条款达成一致意见》(2022年1月5日修订)。

1. 专项审计业务约定书的必备条款

专项审计业务约定书应当对下列方面予以说明:

(1) 申报明细表审计的目标;

(2) 管理层对申报明细表的责任;

(3) 注册会计师的责任;

(4) 申报明细表的编制基础;

申报明细表的编制基础是《高新技术企业认定管理办法》和《高新技术企业认定管理工作指引》。

(5) 审计范围。

注册会计师应当确定审计业务的特征,包括采用的会计准则和会计制度、专项审计的特殊要求以及申报企业组成部分的分布等,以确定审计范围。

2. 应当考虑增加的其他条款

注册会计师应当考虑在专项审计业务约定书中增加下列条款,明确说明专项审计的特殊性:

(1) 应当说明专项审计报告仅供申报企业申报高新技术企业认定时使用,不得用于其他目的;

(2) 逐一说明审计对象,包括最近三个会计年度的研究开发费用结构明细表与最近一年的高新技术产品(服务)收入明细表;

(3) 在某些方面利用专家的工作情况;

(4) 申报企业含有分支机构时,如果注册会计师仅审计申报企业总部申报明细表,或在审计总部申报明细表的同时只审计部分分支机构申报明细表,其余分支机构的申报明细表由其他注册会计师实施审计的,应当在专项审计业务约定书中明确说明。

在实践中,专项审计业务约定书的相关条款可以参考示例2-6。

示例2-6：专项审计业务约定书如下：

专项审计业务约定书

甲方：××有限公司

乙方：××会计师事务所××

兹由甲方委托乙方对甲方20×1年度、20×2年度、20×3年度研究开发费用结构明细表和20×3年度高新技术产品（服务）收入明细表进行审计，经双方协商，达成以下约定：

一、业务范围与审计目标

1. 乙方接受甲方委托，对甲方在企业会计准则框架下，按照《高新技术企业认定管理办法》和《高新技术企业认定管理工作指引》的规定编制的20×1年度、20×2年度、20×3年度研究开发费用结构明细表和20×3年度高新技术产品（服务）收入明细表及有关编制说明（以下简称"申报明细表"）进行专项审计。

2. 乙方通过执行审计工作，对申报明细表的下列方面发表审计意见：(1) 申报明细表是否在企业会计准则框架下，按照《高新技术企业认定管理办法》和《高新技术企业认定管理工作指引》的规定编制；(2) 申报明细表是否在所有重大方面公允反映了申报企业在所审计期间的研究开发费用［高新技术产品（服务）收入］情况。

二、甲方的责任与义务

（一）甲方的责任

根据《中华人民共和国会计法》及《企业财务会计报告条例》，甲方及甲方管理层有责任保证会计资料的真实性和完整性。因此，在企业会计准则框架下，按照《高新技术企业认定管理办法》和《高新技术企业认定管理工作指引》的规定，如实编制研究开发费用结构明细表和高新技术产品（服务）收入明细表是甲方管理层的责任。这种责任包括：(1) 设计、实施和维护与研究开发费用结构明细表和高新技术产品（服务）收入明细表相关的内部控制，以使研究开发费用结构明细表和高新技术产品（服务）收入明细表不存在由于舞弊或错误而导致的重大错报；(2) 选择和运用恰当的会计政策；（3）作出合理的会计估计；（4）恰当界定研究开发项目、高新技术产品（服务）的具体范围。

（二）甲方的义务

1. 及时为乙方的审计工作提供其所要求的全部会计资料和其他有关资料（在20×4年×月×日之前提供审计所需的全部资料），并保证所提供资料的真实性和完整性。

2. 确保乙方不受限制地接触任何与本次专项审计有关的记录、文件和所需的其他信息。

3. 甲方管理层对其作出的与本次专项审计有关的声明予以书面确认。

4. 为乙方派出的有关工作人员提供必要的工作条件和协助，主要事项将由乙方于外勤工作开始前提供清单。

5. 按本约定书的约定及时足额支付专项审计费用以及乙方人员在审计期间的交通、食宿和其他相关费用。

三、乙方的责任和义务

（一）乙方的责任

1. 乙方的责任是在实施专项审计工作的基础上对甲方申报明细表发表审计意见。乙方按照《高新技术企业认定专项审计指引》的规定进行专项审计，该指引要求注册会计师遵守职业道德规范，计划和实施审计工作，以对申报明细表是否不存在重大错报获取合理保证。

2. 审计工作涉及实施审计程序，以获取有关申报明细表金额和披露的审计证据。选择的审计程序取决于乙方的判断，包括对由于舞弊或错误导致的申报明细表重大错报风险的评估。在进行风险评估时，乙方考虑与申报明细表编制相关的内部控制，以设计恰当的审计程序，但目的并非对内部控制的有效性发表意见。专项审计工作还包括评价管理层编制申报明细表时选用会计政策的恰当性和作出会计估计的合理性，以及评价申报明细表的总体列报。

3. 乙方需要合理计划和实施专项审计工作，以使乙方能够获取充分、适当的审计证据，为甲方申报明细表是否不存在重大错报获取合理保证。

4. 乙方有责任在专项审计报告中指明所发现的研究开发费用结构明细表［高新技术产品（服务）收入明细表］中会计政策的选用、会计估计的作出或披露不符合企业会计准则的规定，或者未按照《高新技术企业认定管理办法》和《高新技术企业认定管理工作指引》的规定编制，且未按乙方建议进行调整的事项。

5. 由于测试的性质和审计的其他固有限制，以及内部控制的固有局限性，不可避免地存在着某些重大错报在审计后可能仍然未被乙方发现的风险。

6. 在专项审计过程中，乙方若发现甲方内部控制存在乙方认为的重要缺陷，应与甲方治理层或管理层沟通。但乙方沟通的各种事项，并不代表已全面说明所有可能存在的缺陷或已提出所有可行的改善建议。甲方在实施乙方提出的改善建议前应全面评估其影响。未经乙方书面许可，甲方不得向任何第三方提供乙方出具的沟通文件。

7. 乙方的审计工作不能减轻甲方及甲方管理层的责任。

（二）乙方的义务

1. 按照约定时间完成审计工作，出具专项审计报告。乙方应于20×4年×月×日前出具专项审计报告。

2. 除下列情况外，乙方应当对执行业务过程中知悉的甲方信息予以保密：(1) 取得甲方的授权；(2) 根据法律法规的规定，为法律诉讼准备文件或提供证据；(3) 接受行业协会和监管机构依法进行的执业质量检查；(4) 监管机构对乙方进行行政处罚（包括监管机构处罚前的调查、听证）以及乙方对此提起行政复议。

四、审计收费

1. 本次专项审计服务的收费是以乙方各级别工作人员在本次工作中所耗费的时间为基础计算的。乙方预计本次专项审计服务的费用总额为人民币××万元。

2. 甲方应于本约定书签署之日起××日内支付×%的审计费用，其余款项于审计报告草稿完成日结清。

3. 如果由于无法预见的原因，致使乙方从事本约定书所涉及的专项审计服务实际时间较本约定书签订时预计的时间有明显增加或减少时，甲、乙双方应通过协商，相应调整本约定书第四条第1项下所述的审计费用。

4. 如果由于无法预见的原因，致使乙方人员抵达甲方的工作现场后，本约定书所涉及的专项审计服务不再进行，甲方不得要求退还预付的审计费用；如上述情况发生于乙方人员完成现场审计工作，并离开甲方的工作现场之后，甲方应另行向乙方支付人民币××元的补偿费，该补偿费应于甲方收到乙方的收款通知之日起××日内支付。

5. 与本次专项审计有关的其他费用（包括交通费、食宿费等）由甲方承担。

五、审计报告的出具及使用

1. 乙方按照《高新技术企业认定专项审计指引》规定的格式，针对研究开发费用结构明细表和高新技术产品（服务）收入明细表分别出具专项审计报告。

2. 乙方向甲方致送针对研究开发费用结构明细表和高新技术产品（服务）收入明细表分别出具的专项审计报告一式××份，仅供甲方申报高新技术企业认定时使用，不得用于其他目的。

3. 甲方在向高新技术企业认定机构提交专项审计报告时，不得修改乙方出具的专项审计报告及其后附的已审申报明细表。当甲方认为有必要修改申报明细表数据、编制说明时，应当事先通知乙方，乙方将考虑有关修改对专项审计报告的影响，必要时，将重新出具专项审计报告。

六、本约定书的有效期间

本约定书自签署之日起生效，并在双方履行完毕本约定书约定的所有义务后终止。但其中第三（二）2、第四、第五、第六、第八、第九、第十项并不因本约定书终止而失效。

七、约定事项的变更

如果出现不可预见的情况，影响审计工作如期完成，或需要提前出具专项审计报告，甲、乙双方均可要求变更约定事项，但应及时通知对方，并由双方协商解决。

八、终止条款

1. 如果根据乙方的职业道德及其他有关专业职责、适用的法律法规或其他任何法定的要求，乙方认为已不适宜继续为甲方提供本约定书约定的专项审计服务时，乙方可以采取向甲方提出合理通知的方式终止履行本约定书。

2. 在终止业务约定的情况下，乙方有权就其于本约定书终止之日前对约定的专项审计服务项目所做的工作收取合理的审计费用。

九、违约责任

甲、乙双方按照《中华人民共和国民法典》的规定承担违约责任。

十、适用法律和争议解决

本约定书的所有方面均应适用中华人民共和国法律进行解释并受其约束。本约定书履行地为乙方出具专项审计报告所在地，因本约定书所引起的或与本约定书有关的任何纠纷或争议（包括关于本约定书条款的存在、效力或终止，或无效之后果），双方选择以下第______种解决方式：

（1）向有管辖权的人民法院提起诉讼；

（2）提交××仲裁委员会仲裁。

十一、双方约定的其他有关事项

本约定书一式两份，甲、乙方各执一份，具有同等法律效力。

甲方：××有限公司（盖章）	乙方：××会计师事务所××（盖章）
授权代表：（签名并盖章）	授权代表：（签名并盖章）
二〇×四年××月××日	二〇×四年××月××日

（三）审计业务约定条款的变更

《中国注册会计师审计准则第1111号——就审计业务约定条款达成一致意见》（2022年1月5日修订）规定：在缺乏合理理由的情况下，注册会计师不应同意变更审计业务约定条款；在完成审计业务前，如果被审计单位或委托人要求将审计业务变更为保证程度较低的业务，注册会计师应当确定是否存在合理理由予以变更；如果审计业务约定条款发生变更，注册会计师应当与管理层就新的业务约定条款达成一致意见，并记录于业务约定书或其他适当形式的书面协议中；如果注册会计师不同意变更审计业务约定条款，而管理层又不允许继续执行原审计业务，注册会计师应当：在适用的法律法规允许的情况下，解除审计业务约定；确定是否有约定义务或其他义务向治理层、所有者或监管机构等报告该事项。

如果管理层或治理层在拟议的审计业务约定条款中对审计工作的范围施加限制，以致注册会计师认为这种限制将导致其无法表示意见，注册会计师应当按照《中国注册会计师审计准则第 1111 号——就审计业务约定条款达成一致意见》（2022 年 1 月 5 日修订）第七条规定："不应将该项业务作为审计业务予以承接。"

五、审计资料清单

签订专项审计业务约定书后，为方便后续开展审计业务，注册会计师可根据需求整理出审计资料清单送达被审计单位。

在实践中，高新技术企业认定申请专项审计资料清单，可以参考示例 2 –7。

示例 2 –7：专项审计资料清单如下：

专项审计资料清单

致：× ×有限公司：

为顺利完成贵公司本次高新技术企业认定申请专项审计工作，本所诚望贵公司董事会或管理层及时提供以下必需的有效文件与资料：

1. 公司（包括分支机构）成立或变更政府批文、合同、协议、章程、有效的营业执照，以前年度高新技术企业认定证书（如有）；

2. 特殊行业或特殊业务相关批文、通知书等；

3. 经具有资质的中介机构鉴证的企业近三个会计年度的财务报表审计

报告和财务情况说明书、企业所得税汇算清缴申报表（包括主表和附表）、企业所得税汇算清缴审核报告（如有）、研究开发费用加计扣除申报资料（实际经营年限不足三年的按实际经营年限，下同）；

4. 技术创新活动证明材料，包括：

（1）近三个会计年度研究开发项目情况汇总表（见示例2－8）、立项文件资料，包括企业内部立项文件、各级政府部门科技计划立项证明等；

（2）知识产权汇总表（见示例2－9）和证书、生产批文，新产品或新技术证明（查新）材料、产品质量检验报告，以及其他相关证明材料；

5. 研发项目、形成的知识产权或成果与高新技术产品（服务）收入对应关系表；

6. 近三个年度研究开发费用结构明细表及近一个年度高新技术产品（服务）收入明细表；

7. 与编制上述近三个年度研究开发费用结构明细表及近一个年度高新技术产品（服务）收入明细表有关的全部财务账簿记录、凭证和辅助账；

8. 与高新技术研究开发和高新技术产品（服务）收入相关的决议、合同、协议等相关资料；

9. 与高新技术研究开发和高新技术产品（服务）收入相关的全部股东会和董事会的会议记录；

10. 对高新产品（服务）发挥核心作用的技术，属于《国家重点支持的高新技术领域》规定的范围的名称及相关依据；

11. 设立研究开发机构的相关文件，具备相应的研发场所和研发设备情况说明和清单；

12. 建立研发投入核算体系情况说明及相关资料；

13. 开展产学研合作的研发活动情况说明及相关资料；

14. 研究开发活动项目管理和财务管理的内控制度，研发人员的绩效考核奖励内控制度及相关资料；

15. 近三个年度研究开发项目基本情况表（见示例2－10），包括项目内容、所属技术领域及技术来源、立项情况（包括时间、目的及组织实施方式、核心技术及创新点等）、审批情况（如需要）、项目预算情况以及取得的阶段性成果等；

16. 关联企业名单；

17. 与上述研究开发费用结构明细表、高新技术产品（服务）收入明细表有关的重大关联交易清单和资料；

18. 科技人员名单，包括姓名、所属部门、学历、职称、参与项目、工作岗位、职责等内容；

19. 近三个年度科技人员社保缴纳证明资料、劳动合同、学历及职称证明；

20. 其他与专项审计有关应提供的资料。

上述各项资料将随本所对贵公司进一步深入了解会有所增减变化，以期获取充分的资料，高效率地完成审计工作。

示例2-8：研究开发项目情况汇总表如表2-6所示。

表2-6　　研究开发项目情况汇总表

申报企业名称（公章）：　　索引号：1070-2

序号	项目编号	项目名称	项目实施期间	项目经费预算	项目进展情况
1	RD01				
2	RD02				
3	RD03				
4	RD04				
5	RD05				
6	RD06				
7	RD07				
8	RD08				
9	RD09				
10	RD10				

注：①“项目实施期间”举例：2021年3月—2023年12月。

②项目进展情况包括：已完成、未完成、已终止等，并简要描述取得成果、专利等情况。

③需获取按照单一活动填报的“企业研究开发活动情况表”。

示例2-9：知识产权汇总表如表2-7所示。

表2-7　　　　知识产权汇总表

申报企业名称（公章）：　　　　索引号：1070-1

<table>
<tr><td rowspan="5">获得知识产权数量（件）</td><td>发明专利</td><td></td><td>其中：国防专利</td><td></td></tr>
<tr><td>植物新品种</td><td></td><td>国家级农作物品种</td><td></td></tr>
<tr><td>国家新药</td><td></td><td>国家一级中药保护品种</td><td></td></tr>
<tr><td>集成电路布图设计专有权</td><td></td><td>实用新型</td><td></td></tr>
<tr><td>外观设计</td><td></td><td>软件著作权</td><td></td></tr>
</table>

序号	知识产权编号	知识产权名称	类别	授权日期	授权号	获得方式	是否为有效知识产权
	IP……						

示例2-10：研究开发项目基本情况表如表2-8所示。

表2-8　　　　研究开发项目基本情况表

索引号：1070-3

（近三年执行的活动，按单一活动填报）

研发活动编号：RD……

<table>
<tr><td>研发活动名称</td><td colspan="2"></td><td>起止时间</td><td colspan="2"></td></tr>
<tr><td>技术领域</td><td colspan="5"></td></tr>
<tr><td>技术来源</td><td colspan="2"></td><td>知识产权编号</td><td colspan="2"></td></tr>
<tr><td rowspan="3">研发经费总预算（万元）</td><td rowspan="3"></td><td rowspan="3">研发经费近三年总支出（万元）</td><td rowspan="3">其中</td><td>第1年</td><td></td></tr>
<tr><td>第2年</td><td></td></tr>
<tr><td>第3年</td><td></td></tr>
</table>

续表

目的及组织实施方式 （限 400 字）	
核心技术及创新点 （限 400 字）	
取得的阶段性成果 （限 400 字）	

×××会计师事务所××

××××年××月××日

第三章

计划审计工作

为了使有限的审计资源可以得到充分应用，并取得最大的效益，需要对审计工作进行事先规划。审计计划是指注册会计师为了达到预期的审计目标，完成各项审计业务，在具体执行审计程序之前编制的工作计划。并且在之后的工作中要按照此计划执行。

合理的审计计划有助于注册会计师适当关注重要的审计领域；有助于注册会计师及时发现和解决潜在的问题；有助于注册会计师恰当地组织和管理审计项目，以有效的方式执行审计业务；有助于选择具备必要的专业素质和胜任能力的项目组成员应对预期的风险，并有助于向项目组成员分派适当的工作；有助于指导和监督项目组成员并复核其工作；在适用的情况下，有助于协调组成部分注册会计师和专家的工作。只有事先进行科学合理的计划，才能保证审计过程的顺利进行，提高审计效率。因此审计计划是贯穿整个审计过程中的一项重要工作。

审计工作是一项复杂的系统工程，审计人员必须根据审计项目的具体情况及复杂程度事先对审计过程作出安排，包括审计目的、范围、审计方法、程序、审计小组人员配备等问题的规划。编制审计计划时，项目负责人和项目组关键成员应当参与其中，在了解申报企业的情况下，确认可能的重要影响事项，对审计重要性、审计风险进行适当评估，审计计划的简繁程度取决于申报企业的经营规模和预计审计工作的复杂程度。

审计计划分为总体审计策略和具体审计计划两个层次。注册会计师应当针对总体审计策略中所识别的不同事项，制定具体审计计划，并考虑通过有效利用审计资源以实现审计目标。

一、总体审计策略

注册会计师应当为审计工作制定总体审计策略以确定审计范围、时间、方向和如何调配审计资源，并指导制定具体审计计划。在制定总体审计策略时，应当考虑以下主要事项：

（一）审计范围

注册会计师应结合申报企业执行的企业会计准则和相关会计制度、《高新技术企业认定管理办法》和《高新技术企业认定管理工作指引》的要求，以及申报企业分支机构的分布等，确定审计范围。主要考虑下列事项：

1. 高新技术企业认定专项审计的报告要求；

2. 预期的审计工作涵盖范围，包括需审计的分支机构的数量及所在地点；

3. 其他注册会计师参与分支机构审计的范围；

4. 拟利用年度财务报表审计工作中获取的审计证据的程度。

（二）审计时间和所需沟通的性质

审计时间包括执行专项审计的时间安排，与管理层和治理层沟通的重要日期安排以及提交专项审计报告的时间要求等。主要考虑以下事项：

1. 了解申报企业对外报告的时间表，包括中间阶段和最终阶段；

2. 与管理层或治理层举行会谈，讨论审计工作的性质、时间安排和范围；

3. 与管理层或治理层讨论注册会计师拟出具的报告的类型和时间安排

以及沟通的其他事项（口头或书面沟通）；

4. 与管理层讨论预期就整个审计业务中对审计工作的进展进行的沟通；

5. 与组成部分注册会计师沟通拟出具的报告的类型和时间安排，以及与组成部分审计相关的其他事项；

6. 项目组成员之间沟通的预期的性质和时间安排，包括项目组会议的性质和时间安排，以及复核已执行工作的时间安排；

7. 预期是否需要和第三方进行其他沟通，包括与审计相关的法定或约定的报告责任。

（三）审计方向

总体审计策略的制定应当考虑影响专项审计业务的重要因素，以确定项目组工作方向，包括确定适当的重要性水平，初步识别可能存在重大错报风险的领域，初步识别重要账户及交易金额，评价是否需要针对内部控制的有效性获取审计证据，识别申报企业所处行业、专项审计的报告要求及其他相关方面最近发生的重大变化等。

注册会计师在确定重要性水平时，应当结合具体环境考虑重要性性质和数量两方面的因素。在考虑性质因素时，注册会计师需要重点关注错报的性质属于错误还是舞弊。例如，某项错报使申报企业高新技术研究开发费用虚增××万元，从金额绝对值上看并不重要，但该项错报可能使申报企业从不符合高新技术企业认定条件变为符合高新技术企业认定条件，注册会计师应当判断该项错报是否源于管理层的主观故意。

注册会计师在确定重要性水平时还应当考虑专项审计的特殊要求，包括：

1. 因高新技术企业认定专项审计涉及较多的科学技术因素，并且申报企业管理层存在获得高新技术企业资格以降低税负的动机，所以注册会计师应当对申报企业管理层对高新技术研究开发费用与高新技术产品（服务）收入的发生、截止、分类的认定予以充分关注。

2. 由于专项审计对象涉及不同的申报明细表，两者并不相互依赖、互为条件，在确定重要性水平时，注册会计师应当对研究开发费用结构明细表与高新技术产品（服务）收入明细表分别采用不同的重要性水平。对于不同年度的研究开发费用结构明细表，还应分别确定不同年度的重要性水平。

3. 鉴于专项审计的特点，确定的重要性水平（包括申报明细表层次与认定层次）应当低于相应财务报表审计的重要性水平。

（四）审计资源调配

总体审计策略中应当清楚地说明下列审计资源调配情况：

1. 向具体审计领域调配的资源，包括向复杂的研究开发项目分派熟悉高新技术企业认定政策、具有相关审计经验的项目组成员，就复杂的研究开发项目技术问题利用专家工作等；

2. 向具体审计领域分配资源的数量，包括项目组成员数量、审计时间预算等；

3. 如何管理、指导、监督审计资源的利用，包括何时召开项目组预备会和总结会，项目负责人如何进行复核，是否需要实施项目质量控制复核等。

在审计实践中，总体审计策略的底稿编制参见示例 3－1。

示例 3－1：总体审计策略如表 3－1 所示。

表 3－1　　总体审计策略

被审计单位：	索引号：	2010	页次：	
	编　制：		编制日期：	
审计期间：	复　核：		复核日期：	

一、审计范围

报告要求	说　明
适用的会计准则	企业会计准则（　）小企业会计准则（　）企业会计制度（　）

续表

报告要求	说　明
适用的审计准则	中国注册会计师审计准则、高新技术企业认定审计指引
与认定报告相关的行业特别规定	高新技术企业认定管理办法及指引
需审计的分支机构的数量及所在地点（包括其他注册会计师审计的分支机构）	
需要阅读的含有已审计财务报表的文件中的相关信息	年度财务报表与审计报告
制定审计策略需考虑的其他事项	高新技术产品（服务）收入、研究开发费用的会计核算方法及披露

二、影响审计业务的重要因素

（一）重要性水平

审计项目	重要性水平金额			重要性水平确定方法说明（注）
年度	202×年	202×年	202×年	
研究开发费用结构明细表				
高新技术产品（服务）收入明细表				

注：注册会计师在确定重要性水平时还应当考虑专项审计的特殊要求，包括：(1) 因高新技术企业认定专项审计涉及较多的科学技术因素，并且申报企业管理层存在获得高新技术企业资格以降低税负的动机，所以注册会计师应当对申报企业管理层对高新技术研究开发费用与高新技术产品（服务）收入的发生、截止、分类的认定予以充分关注。(2) 由于专项审计对象涉及不同的申报明细表，两者并不相互依赖、互为条件，在确定重要性水平时，注册会计师应当对研究开发费用结构明细表与高新技术产品（服务）收入明细表分别采用不同的重要性水平。如有必要，对于不同年度的研究开发费用结构明细表，还应分别确定不同年度的重要性水平。

（二）初步识别的可能存在较高重大错报风险的领域

风险编号	相关领域	说明
1	内控的有效性	
2	实施新的会计准则相关的变化	
3	研究开发费用的确认、核算	
4	高新技术产品（服务）收入的确认、核算	
5	其他相关重大变化	

续表

三、审计的时间安排

执行审计时间安排	人员及时间安排
（一）对外报告时间安排	年　月　日前出具专项审计报告
（二）执行审计时间安排	
1. 制定总体审计策略、具体审计计划	
2. 实施了解内部控制的程序和穿行测试	
3. 实施实质性测试	
（三）沟通的时间安排	
1. 与被审计单位治理层及管理层的沟通安排	
2. 项目组会议	
3. 与其他方（专家、前任注册会计师等）的沟通	

四、项目组主要成员的职责分工

姓　名	职　级	主要职责

注：应按照相关审计准则的要求，安排具有相关能力和独立性的中国注册会计师等人员组成项目组。

五、对专家或有关人士工作的利用（如适用）

（一）对其他中国注册会计师工作的利用

其他中国注册会计师	利用其工作范围及程度	利用其他中国注册会计师工作的原因

（二）对专家或有关人士工作的利用

专业领域	专家	主要职责及工作范围	利用专家或有关人士工作的原因

注：如果计划利用专家或有关人士的工作，应按照相关审计准则的要求对专家或有关人士的能力、客观性及其工作等进行考虑及评估，并需要记录其工作的范围和涉及的主要财务数据等信息。

二、具体审计计划

注册会计师应当为审计工作制定具体审计计划。具体审计计划比总体审计策略更加详细，其内容包括：为获取充分、适当的审计证据以将审计风险降至可接受的低水平，项目组成员拟实施的审计程序的性质、时间安排和范围。可以说，为获取充分、适当的审计证据而确定审计程序的性质、时间安排和范围是具体审计计划的核心。具体审计计划应当包括风险评估程序、计划实施的进一步审计程序和其他审计程序。

（一）风险评估程序

注册会计师应当按照《中国注册会计师审计准则第 1211 号——重大错报风险的识别和评估》（2022 年 12 月 22 日修订）的规定，为了充分识别和评估重大错报风险，计划风险评估程序的性质、时间安排和范围。

（二）计划实施的进一步审计程序

注册会计师应当按照《中国注册会计师审计准则第 1231 号——针对评估的重大错报风险采取的应对措施》（2022 年 12 月 22 日修订）的规定，针对评估认定层次的重大错报风险，计划实施的进一步审计程序的性质、时间安排和范围。进一步审计程序包括控制测试和实质性测试。

需要强调的是，随着审计工作的推进，对审计程序的计划会一步步深入，并贯穿整个审计过程。例如，计划风险评估程序通常在审计开始阶段进行，计划实施的进一步审计程序则需要依据风险评估的结果进行。因此，为达到制定具体审计计划的要求，注册会计师需要完成风险评估程序，识别和评估重大错报风险，并针对评估的认定层次的重大错报风险，计划实施进一步审计程序的性质、时间安排和范围。

（三）计划实施的其他审计程序

注册会计师根据审计准则的规定，计划需要实施的其他审计程序。计划实施的其他审计程序可以包括上述进一步审计程序中没有涵盖的、根据审计准则的要求注册会计师需要执行的审计程序。

（四）研究开发费用支出应当考虑的特殊情况

注册会计师在制定具体审计计划时，应当考虑专项审计的特殊情况，包括：

1. 对于简单研究开发项目、研究开发费用支出发生频率不高或内部控制薄弱的申报企业，注册会计师采用实质性方案可能最为有效；

2. 由于高新技术企业研究开发费用支出的审计范围涵盖三个会计年度，每个会计年度内研究开发费用的发生情况可能不尽相同，对每个会计年度的研究开发费用支出均应设计相应的审计程序；

3. 在测试申报企业对高新技术研究开发费用分类认定时，应当设计相关程序以测试研究开发费用与研究开发项目之间的关联性；

4. 当申报企业的指标接近高新技术企业认定标准时，应当特别关注高新技术研究开发费用支出的发生、截止与分类认定是否正确。

（五）高新技术产品（服务）收入应当考虑的特殊情况

1. 在设计高新技术产品（服务）收入审计程序时，应当设计相关程序测试高新技术产品（服务）的确认标识，确认申报企业是否混淆高新技术产品（服务）收入与非高新技术产品（服务）收入的界限，是否虚增高新技术产品（服务）收入。

2. 注册会计师在确定测试样本时，针对高新技术产品（服务）收入的测试样本应当涵盖各类高新技术产品（服务）。在确定样本数量时，注册会计师应当关注专项审计的样本量与年度财务报表审计的样本量可能存在差异。

3. 对于高新技术产品（服务）收入发生频率不高或内部控制薄弱的申报企业，注册会计师采用实质性方案可能最为有效。

4. 当申报企业的指标接近高新技术企业认定标准时，应当特别关注高新技术产品（服务）收入的发生、截止与分类认定是否正确。

三、审计过程中对计划的更改

计划审计工作并非审计业务的一个孤立阶段，而是一个持续的、不断修正的过程，贯穿整个审计业务的始终。例如，注册会计师在风险评估过程中评估固定资产内部控制风险水平较低，但在实施控制测试时获取的审计证据不支持评估的风险水平，此时，注册会计师应当修改审计计划并设计新的审计程序。

审计过程可以分为不同阶段，通常前面阶段的工作结果会对后面阶段的工作计划产生一定的影响，而后面阶段的工作过程中又可能发现需要对已制定的相关计划进行相应的更新和修改。通常来讲，这些更新和修改可能涉及比较重要的事项。

如果注册会计师在审计过程中对审计计划作出重大更改，应当记录重大更改及其理由，以及对导致此类更改的事项、条件或审计程序结果采取的应对措施。

四、指导、监督和复核

注册会计师应当制订计划，确定对项目组成员的指导、监督以及对其工作进行复核的性质、时间安排和范围。项目组成员的指导、监督以及对其工作进行复核的性质、时间安排和范围主要取决于下列因素：

1. 申报企业的规模和复杂程度；

2. 专项审计要求的特殊性；

3. 评估的重大错报风险；

4. 执行审计工作的项目组成员的专业素质和胜任能力。

注册会计师应在评估重大错报风险的基础上，计划对项目组成员工作指导、监督与复核的性质、时间安排和范围。当评估的重大错报风险增加时，注册会计师通常会扩大指导与监督的范围，增强指导与监督的及时性，执行更详细的复核工作。在计划复核的性质、时间安排和范围时，注册会计师还应当考虑单个项目组成员的专业素质和胜任能力。

第四章

风险评估和风险应对

风险导向审计是当今主流的审计方法，它要求注册会计师实施风险评估程序，了解申报企业及其环境、适用的财务报告编制基础和内部控制体系各要素，并识别和评估财务报表层次及认定层次的重大错报风险，为设计和实施总体应对措施和进一步审计程序，应对评估的重大错报风险提供依据。

中国注册会计师协会制定的《高新技术企业认定专项审计指引》明确指出，在执行高新技术企业认定专项审计业务时，注册会计师应当实施风险评估程序，识别和评估研究开发费用结构明细表和高新技术产品（服务）收入明细表的重大错报风险。

根据《中国注册会计师审计准则第 1211 号——重大错报风险的识别和评估》（2022 年 12 月 22 日修订）的要求，通过实施风险评估程序，了解申报企业及其环境，识别和评估申报明细表层次以及各类交易、列报认定层次重大错报风险。风险评估程序应当包括：询问管理层、适当的内部审计人员（如有），以及注册会计师判断认为可能掌握有助于注册会计师识别由于舞弊或错误导致的重大错报风险的信息的申报企业内部其他人员；分析程序；观察和检查。需要询问的申报企业内部其他人员，是注册会计师根据判断认为可能拥有某些信息的人员，如项目负责人或科研主管，这些信息有助于识别由于舞弊或错误导致的重大错报风险。注册会计师应当考虑在客户接受或保持过程中获取的信息是否与识别重大错报风险相关。值得注意的是，风险评估程序本身并不足以为发表审计意见提供充分、适当的审计证据，注册会计师还应当在实施风险评估程序的基础上设计和实施进一步审计程序，包括实施控制测试（必要时或决定测试时）和实质性程序，获取充分、适当的审计证据，得出合理的审计结论，作为形成审计意见的基础。

一、了解申报企业及其环境（不包括内部控制）

注册会计师可以从下列方面了解申报企业及其环境（不包括内部控制）：

（一）行业状况、法律环境与监管环境以及其他外部因素

1. 所处行业的市场供求与竞争状况

产品（服务）关键技术指标值与行业指标值相比较是否存在较大差异，从而影响申报企业的产品销售价格（服务价格）或数量，申报企业需要进行技术研究开发活动以增强竞争能力。

2. 产品（服务）技术变化

产品（服务）是否含有较高的技术含量，产品更新换代或服务升级是否较快，申报企业是否为保持技术领先从而需要进行较多的技术研究开发。如通信产品制造业因其产品更新换代较快，开展的研究开发项目较多。

3. 能源供应与成本

产品是否为高耗能产品，申报企业是否因能源供应日趋紧张、成本上升，需要开展研究开发活动以降低产品能耗与产品成本。

4. 法律监管环境

近年颁布的法律法规是否对申报企业的产品销售产生重大不利影响而需要进行技术研究开发活动以使产品适应法律监管要求。如汽车制造业，

因尾气排放标准不断提高而需要不断进行关于降低尾气污染物排放的研究开发项目。

在审计实践中，“行业状况、法律环境与监管环境以及其他外部因素”的底稿编制，参见示例 4－1。

示例 4－1：行业状况、法律环境与监管环境以及其他外部因素如表 4－1 所示。

表 4－1　　行业状况、法律环境与监管环境以及其他外部因素

<table>
<tr><td rowspan="2">被审计单位：</td><td>索引号：</td><td>2021</td><td>页　　次：</td><td></td></tr>
<tr><td>编　制：</td><td></td><td>编制日期：</td><td></td></tr>
<tr><td>审计期间：</td><td>复　核：</td><td></td><td>复核日期：</td><td></td></tr>
<tr><td colspan="3">调 查 内 容</td><td colspan="2">调 查 结 果</td></tr>
<tr><td colspan="3">1. 被审计单位所处行业的市场供求与竞争状况</td><td colspan="2"></td></tr>
<tr><td colspan="3">1.1 所处行业</td><td colspan="2"></td></tr>
<tr><td colspan="3">1.2 业务技术总体发展趋势</td><td colspan="2"></td></tr>
<tr><td colspan="3">1.3 被审计单位主要的技术优势</td><td colspan="2"></td></tr>
<tr><td colspan="3">2. 产品（服务）技术变化</td><td colspan="2"></td></tr>
<tr><td colspan="3">2.1 公司所属高新技术领域</td><td colspan="2"></td></tr>
<tr><td colspan="3">2.2 公司核心技术产品（服务）是否含有较高的技术含量，产品更新换代或服务升级是否较快</td><td colspan="2"></td></tr>
<tr><td colspan="3">3. 能源供应与成本
产品是否为高耗能产品，被审计单位是否因能源供应日趋紧张、成本上升，需要开展研究开发活动以降低产品能耗与产品成本</td><td colspan="2"></td></tr>
<tr><td colspan="3">4. 法律监管环境
现行法律法规是否对被审计单位的产品销售产生重大不利影响而需要进行技术研究开发活动以使产品适应法律监管要求</td><td colspan="2"></td></tr>
<tr><td colspan="5">总体评价及潜在风险描述：</td></tr>
</table>

（二）申报企业的性质及研发环境

1. 所有权结构

注册会计师应当了解申报企业的所有权结构与主要所有者，识别关联方，并分析主要所有者与申报企业关联方之间的关系是否会对高新技术产品（服务）销售等数据归集的真实性产生不利影响。

2. 治理结构

注册会计师应当考虑申报企业治理层是否能够在独立于管理层的情况下对申报相关事项（包括申报明细表）作出客观判断。

3. 组织结构

注册会计师应当了解申报企业研究开发部门的设置与分布，分析是否存在专门的机构与人员从事研究开发活动，包括：

（1）研究开发部门数量及其人员；

（2）研究开发项目组成员与来源，技术职称结构；

（3）研究开发人员的考核奖励制度等。

4. 经营活动

注册会计师应当了解申报企业主要高新技术产品（服务）的种类、最近三个会计年度的研究开发计划与主要研究开发成果、目前实施的研究开发项目名称与性质、研究开发工作外包等情况，以分析判断研究开发项目的真实性。注册会计师应当重点了解与申报企业研究开发项目相关的各种情况，包括：

（1）研究开发项目的目的、性质与类型，关注是否属于《国家重点支持的高新技术领域》范围，获得相关审批的情况（如需要）以及目前的进展情况；

（2）研究开发项目的立项过程；

（3）是否委托关联方或者其他外部机构进行实质性研究开发；

（4）产学研的合作方式、合作研究开发项目的所有权归属等。

在了解上述研究开发项目内容时，注册会计师应当考虑利用专家的工作。

5. 投资活动

注册会计师应当重点了解为开展研究开发项目而投入的主要研究设备，考虑实施观察程序以实地考察研究开发项目所使用的固定资产是否未用于研究开发项目。

6. 筹资活动

了解申报企业的借款情况，重点分析研究开发项目是否使用了金融机构的贷款，包括是否采用融资租赁方式租赁研究开发设备。

在审计实践中，“申报企业的性质及研发环境”的底稿编制，参见示例4－2。

示例4－2：申报企业的性质及研发环境如表4－2所示。

表4－2　　申报企业的性质及研发环境

被审计单位：	索引号：	2022	页　　次：	
	编　制：		编制日期：	
审计期间：	复　核：		复核日期：	
调查内容	调查结果			
1. 被审计单位所有权结构和性质				
1.1 识别关联方				
1.2 分析关联方关系和关联交易是否会对研究开发费用数据和高新技术产品（服务）收入等数据归集的真实性产生不利影响				
2. 被审计单位治理结构，包括股东会、董事会构成和运作基本情况 被审计单位治理层是否能够在独立于管理层的情况下对申报相关事项（包括申报明细表）作出客观判断				

续表

调查内容	调查结果
3. 研发基本条件 通过对被审计单位研发基本条件的核实，分析是否存在专门的机构与人员从事研究开发活动，判断研发项目和研发经费的真实性	
3.1 研发部门设立情况	
3.2 研发场所（实地查看）	
3.3 研发人员情况	
科技人员数量、占比和来源情况（在职、兼职、临时聘用）	
学历结构、技术职称结构	
岗位情况	
3.4 研发项目管理制度、研发人员的考核奖励制度等	
4. 经营活动和研发活动 注册会计师应当了解申报企业主要高新技术产品（服务）的种类、最近三个会计年度的研究开发计划与主要研究开发成果、目前实施的研究开发项目名称与性质、研究开发工作外包等情况，以分析判断研究开发项目的真实性	
4.1 被审计单位主要高新技术产品（服务）的种类	
4.2 最近三个会计年度的研究开发计划与主要研究开发成果、目前实施的研究开发项目名称与性质、研究开发工作外包、相关审批的情况（如需要）以及目前的进展等情况，以分析判断研究开发项目的真实性	

续表

调查内容	调查结果
4.3 研究开发项目的立项过程和具体流程	
4.4 是否委托关联方或者其他外部机构进行实质性研究开发	
4.5 产学研的合作方式、合作研究开发项目的所有权归属等	
4.6 在了解上述研究开发项目内容时，考虑利用专家的工作	
5. 研发用固定资产和无形资产	
5.1 了解为开展研究开发项目而投入的主要研究设备、无形资产	
5.2 考虑实施观察程序以实地考察研究开发项目所使用的固定资产是否未用于研究开发项目	
6. 研发资金来源	
被审计单位的研发资金来源，包括自有资金、政府补助、外部筹资等	
总体情况及潜在风险描述：	

（三）申报企业对会计政策的选择与运用

注册会计师应当分析申报企业研究开发费用和高新技术产品（服务）收入核算时所确定的会计政策与编制财务报表时所确定的会计政策是否一致，并特别考虑下列情况：

1. 了解申报企业多个研究开发项目之间费用的分配方法，分析费用分配方法是否合理；

2. 识别与确定高新技术产品（服务）收入归集的对象是否属于《高新技术企业认定管理办法》规定的范围，包括申报企业如何确定相关产品（服务）的识别标志、技术属性等；

3. 销售截止认定相关证据的性质，包括服务收入确认的主要标志与确认文件。

在审计实践中，“申报企业对会计政策的选择与运用”的底稿编制，参见示例4－3和示例4－4。

示例4－3：申报企业对会计政策的选择与运用如表4－3所示。

表4－3　　申报企业对会计政策的选择与运用

<table>
<tr><td rowspan="2">被审计单位：</td><td>索引号：</td><td>2023</td><td>页　　次：</td><td></td></tr>
<tr><td>编　　制：</td><td></td><td>编制日期：</td><td></td></tr>
<tr><td>审计期间：</td><td>复　　核：</td><td></td><td>复核日期：</td><td></td></tr>
<tr><td>调查内容</td><td colspan="4">调查结果</td></tr>
<tr><td>1. 会计政策一致性</td><td colspan="4"></td></tr>
<tr><td>被审计单位制定的研究开发费用和高新技术产品（服务）收入核算会计政策与实际执行的会计政策是否一致</td><td colspan="4"></td></tr>
<tr><td>2. 研究开发费用归集的会计政策</td><td colspan="4"></td></tr>
<tr><td>2.1 是否按照立项项目分别对研究开发费用进行单独核算</td><td colspan="4"></td></tr>
<tr><td>2.2 分析多个研究开发项目之间人员人工费用、折旧费用、长期待摊费用、无形资产摊销费用等的分配方法是否合理</td><td colspan="4"></td></tr>
</table>

续表

调查内容	调查结果
3. 高新技术产品（服务）收入归集的会计政策	
3.1 识别与确定高新技术产品（服务）收入归集的对象是否属于《高新技术企业认定管理办法》规定的范围，包括被审计单位如何确定相关产品（服务）的识别标志、技术属性等	
3.2 产品（服务）收入截止认定的主要标志与确认文件	
4. 财会人员是否拥有足够的运用会计准则的知识、经验和能力	
5. 是否拥有足够资源支持会计政策的运用，如人力资源及培训、信息技术的采用、数据和信息的采集	
总体情况及潜在风险描述：	

示例4-4：申报企业主要会计政策、会计估计调查表如表4-4所示。

表 4－4 申报企业主要会计政策、会计估计调查表

被审计单位：	索引号：	202301	页　次：	
	编　制：		编制日期：	
审计期间：	复　核：		复核日期：	
主要会计政策、会计估计	内　容		当期变动说明	
1. 目前执行的会计准则和会计制度	企业会计准则　（　）			
	企业会计制度　（　）			
	小企业会计准则（　）			
	其　他：			
2. 会计年度	自公历1月1日起至12月31日止			
3. 记账本位币	人民币（　）美元（　）日元（　） 港币（　）其他：			
4. 记账基础和计价原则	权责发生制（　）收付实现制（　）历史成本（　）现行市价（　）			
5. 外币业务核算方法	记账汇率：按当月月初汇率（　）　按业务发生当日汇率（　）			
6. 外币财务报表折算方法	现行汇率法（　）　时态法（　）			
7. 固定资产折旧方法	平均年限法（　）工作量法（　）双倍余额递减法（　）年数总和法（　）			
8. 固定资产净残值率	固定资产原价的（　　%）			
9. 固定资产减值准备	1. 不计提减值准备（　）			
	2. 按单项固定资产预计可收回金额低于其账面价值的差额计提减值准备（　）			
	3. 其他：			
10. 无形资产核算方法	1. 按　　　年平均摊销			
	2. 按　　　年平均摊销			
	3. 按　　　年平均摊销			
11. 无形资产减值准备	1. 不计提减值准备　（　）			
	2. 按单项无形资产预计可收回金额低于其账面价值的差额计提减值准备（　）			
	3. 其他：			
12. 长期待摊费用内容及摊销方法	1. 按　　　年平均摊销			
	2. 按　　　年平均摊销			
	3. 按　　　年平均摊销			

续表

主要会计政策、会计估计	内　容	当期变动说明
13. 销售商品收入确认	1. 一般于产品已经发出，劳务已经提供，同时收讫价款或者取得收取价款的凭据时，确认销售收入的实现	
	2. 已将商品所有权上的主要风险和报酬转移给购货方；既没有保留通常与所有权相关的继续管理权，也没有对已出售的商品实施控制；与交易相关的经济利益能够流入企业；相关的收入和成本能够可靠地计量	
	3. 按《企业会计准则第 14 号——收入》执行	
14. 提供劳务收入确认	1. 在同一会计年度内开始并完成的劳务，在完成劳务时确认	
	2. 如果劳务的开始和完成分属不同的会计年度，当交易的结果能够可靠估计时，在资产负债表日按完工百分比法确认相关劳务收入	
	3. 在提供劳务交易结果不能可靠估计的情况下，按照对已发生劳务成本的预计补偿程度进行相应会计处理	
	4. 按《企业会计准则第 14 号——收入》执行	
15. 让渡资产使用权收入确认	1. 与交易相关的经济利益能够流入企业	
	2. 收入金额能够可靠地计量	
	3. 按《企业会计准则第 14 号——收入》执行	

（四）申报企业的目标、战略以及相关经营风险

注册会计师应当了解申报企业的目标、战略以及相关经营风险，包括：

1. 申报企业是否制定了涉足新的业务领域与地区的经营目标。是否出于适应新的业务领域与地区消费者需求及法律监管要求等原因而增加研究开发投入；

2. 申报企业是否确立了创建科技创新型企业的发展战略，从而增加研究开发投入；

3. 申报企业是否由于涉足新的业务领域与地区、跨国界经营等因素，产生经营业绩不佳的经营风险而需要获得高新技术企业资格以降低税负、改善经营业绩指标，从而可能产生申报明细表的重大错报。

在审计实践中，“申报企业的目标、战略以及相关经营风险调查表”的底稿编制，参见示例4－5。

示例4－5：申报企业的目标、战略以及相关经营风险调查表如表4－5所示。

表4－5　　申报企业的目标、战略以及相关经营风险调查表

<table>
<tr><td rowspan="2">被审计单位：</td><td>索引号：</td><td>2024</td><td>页　　次：</td><td></td></tr>
<tr><td>编　　制：</td><td></td><td>编制日期：</td><td></td></tr>
<tr><td>审计期间：</td><td>复　　核：</td><td></td><td>复核日期：</td><td></td></tr>
<tr><td colspan="3">调查内容</td><td colspan="2">调查结果</td></tr>
<tr><td colspan="3">1. 被审计单位是否制定了涉足新的业务领域与地区的经营目标。是否出于适应新的业务领域与地区消费者需求及法律监管要求等原因而增加研究开发投入</td><td colspan="2"></td></tr>
<tr><td colspan="3">2. 被审计单位是否确立了创建科技创新型企业的发展战略，从而增加研究开发投入</td><td colspan="2"></td></tr>
<tr><td colspan="3">3. 被审计单位是否由于涉足新的业务领域与地区、跨国界经营等因素，产生经营业绩不佳的经营风险而需要获得高新技术企业资格以降低税负、改善经营业绩指标，从而可能产生申报明细表的重大错报</td><td colspan="2"></td></tr>
<tr><td colspan="3">4. 其他</td><td colspan="2"></td></tr>
<tr><td colspan="5">总体情况及潜在风险描述：</td></tr>
</table>

（五）申报企业财务业绩的衡量与评价

注册会计师应当了解申报企业的下列方面：

1. 高新技术产品（服务）收入是否作为主要业绩考核指标，并与管理层薪酬制度、股权激励政策相联系；

2. 计划实施的研究开发项目支出是否制定了相应的年度预算，并将实际支出与预算的差异作为研究开发人员的业绩考核指标。

在审计实践中，“申报企业财务业绩的衡量与评价”的底稿编制，参见示例4－6。

示例4－6：申报企业财务业绩的衡量与评价如表4－6所示。

表4－6　　申报企业财务业绩的衡量与评价

被审计单位：	索引号：	2025	页　次：	
	编　制：		编制日期：	
审计期间：	复　核：		复核日期：	
调查内容			调查结果	
1. 研发投入及其成果、高新技术产品（服务）收入是否作为主要业绩考核指标，并与管理层薪酬制度、股权激励政策相联系				
2. 计划实施的研究开发项目支出是否制定了相应的年度预算，并将实际支出与预算的差异作为研究开发人员的业绩考核指标				
总体情况及潜在风险描述：				

二、从整体层面了解和评价申报企业的内部控制

内部控制是申报企业为了合理保证财务报告的可靠性、经营的效率和

效果以及对法律法规的遵守，由治理层、管理层和其他人员设计和执行的政策和程序。按照《中国注册会计师审计准则第 1211 号——重大错报风险的识别和评估》（2022 年 12 月 22 日修订）的要求，注册会计师应当了解与审计相关的内部控制，在了解与审计相关的控制时，注册会计师应当综合运用询问申报企业内部人员和其他程序，以评价这些控制的设计并确定其是否得到执行。内部控制包括内部环境（控制环境）、风险评估、内部监督、信息与沟通（信息系统与沟通）以及控制活动等要素。

注册会计师实施专项审计的目的是对申报企业编制的申报明细表发表审计意见，并非对申报企业内部控制的有效性发表意见。注册会计师需要了解和评价的内部控制只是与申报明细表相关的内部控制，并非申报企业所有的内部控制。

与申报明细表相关的内部控制，包括申报企业为实现申报明细表可靠性目标设计和实施的控制。注册会计师应当运用职业判断，考虑一项控制单独或连同其他控制是否与评估重大错报风险以及针对评估的风险设计和实施的进一步审计程序有关。

在运用职业判断时，注册会计师应当考虑下列因素：（1）注册会计师确定的重要性水平；（2）申报企业的性质，包括组织结构和所有制性质；（3）申报企业的规模；（4）申报企业经营的多样性和复杂性；（5）法律法规和监管要求；（6）作为内部控制组成部分的系统（包括利用服务机构）的性质和复杂性。

注册会计师通常实施下列风险评估程序，以获取有关控制设计和执行的审计证据：（1）询问申报企业的人员；（2）观察特定控制的运用；（3）检查文件和报告；（4）追踪交易在与申报明细表相关的信息系统中的处理过程（穿行测试）。这些程序是风险评估程序在了解申报企业内部控制方面的具体运用。

（一）了解内部环境（控制环境）

内部环境（控制环境）是申报企业实施内部控制的基础，是所有控制运行的基础和环境条件。注册会计师需要了解控制环境各要素，以及这些要素如何被纳入申报企业的业务流程，以评价控制环境总体上的优势是否为内部控制的其他要素奠定了适当的基础，以及这些其他要素是否未被控制环境中存在的缺陷所削弱。具体包括：

（1）了解申报企业对诚信和道德价值观念的沟通与落实情况。通常包括：

管理层如何处理不诚实、非法或不道德行为；

在申报企业内部，通过行为规范以及高级管理人员的身体力行，营造和保持诚信和道德价值观念；

道德行为规范是否融入申报企业日常活动中，并被持续地沟通、执行和监督；

……

（2）了解申报企业对胜任能力的重视程度。通常包括：

申报企业财务会计人员及承担内部控制重要职责的其他人员是否具备足够的胜任能力并接受足够的培训，能根据申报企业的性质和复杂程度处理业务；

申报企业是否对各岗位录用人员有明确的录用标准；

申报企业是否强调对员工开展业务和道德培训；

申报企业是否建立考核机制以使员工能得到正常晋升和更大的发展空间等；

……

（3）了解申报企业管理层的理念和管理风格。通常包括：

了解管理层设置的经营或运营目标是否切合实际；

了解管理层对待业务风险是否持较为保守及谨慎的态度；

了解管理层是否能发挥财务职能的管控作用，并在财务管理方面体现谨慎性要求；

……

（4）了解申报企业职权与责任的分配。通常包括：

了解申报企业是否建立了与其实际情况（包括规模、地理位置和业务性质等）相适应的权责分工；

了解申报企业是否对职责分离不充分的岗位设置足够的监督；

……

(5) 了解申报企业人力资源政策。通常包括：了解申报企业是否在人员招聘、培训、考核、晋升、薪酬、调动和辞退方面都有适当的政策和程序等。

（二）了解风险评估过程

风险评估是实施内部控制的重要环节，是申报企业实施控制的依据。注册会计师应当了解申报企业是否已建立风险评估过程，包括：(1) 识别与研究开发费用结构明细表和高新技术产品（服务）收入明细表相关的重大错报风险；(2) 估计风险的重要性；(3) 评估风险发生的可能性；(4) 决定应对这些风险的措施。

注册会计师需要了解管理层识别与研究开发费用结构明细表和高新技术产品（服务）收入明细表相关的重大错报风险而采取的评估过程，通过询问管理层或者检查有关文件，确定这些风险评估过程是否发现了相关风险，并考虑这些风险是否可能导致出现重大违规。

按照《中国注册会计师审计准则第 1211 号——重大错报风险的识别和评估》(2022 年 12 月 22 日修订) 的要求，如果申报企业已建立风险评估过程，注册会计师应当了解风险评估过程及其结果。如果识别出管理层未能识别出的重大错报风险，注册会计师应当评价是否存在这类风险，即注册会计师预期申报企业风险评估过程应当识别出而未识别出的风险。如果存在这类风险，注册会计师应当了解风险评估过程未能识别出的原因，并评价风险评估过程是否适合具体情况，或者确定与风险评估过程相关的内部控制是否存在值得关注的内部控制缺陷。如果申报企业未建立风险评估过程，或具有非正式的风险评估过程，注册会计师应当与管理层讨论是否识别出与研究开发费用结构明细表和高新技术产品（服务）收入明细表相关的风险以及如何应对这些风险。注册会计师应当评价缺少记录的风险评估过程是否适合具体情况，或确定是否表明存在值得关注的内部控制缺陷。

（三）了解信息系统与沟通

信息与沟通是申报企业实施内部控制的重要条件，是贯穿风险评估、控制活动和内部监督各要素之间的载体。

注册会计师应当从下列方面了解与申报明细表相关的信息：（1）在申报企业经营过程中，对申报明细表具有重大影响的各类交易；（2）在信息技术和人工系统中，交易生成、记录、处理和报告的程序；（3）与交易生成、记录、处理和报告相关的会计记录、支持性信息和申报明细表中的特定项目；（4）信息系统如何获取除各类交易之外的对申报明细表具有重大影响的事项和情况的信息；（5）申报企业编制申报明细表的过程。

与申报明细表相关的沟通通常包括使员工了解各自在与申报明细表有关的内部控制方面的角色和职责，员工之间的工作联系，以及向适当级别的管理层报告例外事项的方式。注册会计师应当了解申报企业内部如何对与申报明细表相关的岗位职责，以及与申报明细表相关的重大事项进行沟通。注册会计师还应当了解管理层与治理层（特别是审计委员会）之间的沟通，以及申报企业与外部（包括监管部门）的沟通。

审计时需要关注管理层凌驾于控制之上的风险，由于运用信息技术进行数据传输时，发生的篡改可能不会留下痕迹或证据，还需要了解不正确的业务处理记录是如何解决的。

另外，充分的内部沟通对于控制环境、控制活动、风险评估等各方面都起着至关重要的作用，审计人员还需要关注申报企业是否建立了完善的内部沟通体系。同时，对于申报企业而言，通过外部沟通获取信息也非常重要，例如，相关主管单位监管反馈信息、政策法规标准类信息（如行业管理法规、行业标准）、其他外部各方反馈的信息和投诉等，审计人员需要关注申报企业是否对这些外部信息做出及时反应，制定相应对策。

按照《中国注册会计师审计准则第1211号——重大错报风险的识别和评估》（2022年12月22日修订）的要求，注册会计师应当了解申报企业如何对与财务报告相关的人员的角色和职责以及与财务报告相关的重大事项进行沟通。这种沟通包括：（1）管理层与治理层之间的沟通；（2）外部沟通，如与监管机构的沟通。

（四）了解控制活动

控制活动是申报企业实施内部控制的具体方式方法和手段，是指有助于确保管理层的指令得以执行的政策和程序，包括与授权、业绩评价、信息处理、实物控制和职责分离等相关的活动。

按照《中国注册会计师审计准则第1211号——重大错报风险的识别和评估》（2022年12月22日修订）的要求，注册会计师应当了解与审计相关的控制活动。与审计相关的控制活动，是注册会计师为评估认定层次重大错报风险并设计进一步审计程序应对评估的风险而认为有必要了解的控制活动。在了解申报企业控制活动时，注册会计师应当了解申报企业如何应对信息技术导致的风险。

（五）了解对内部控制的监督

内部监督是申报企业实施内部控制的重要保证。申报企业对控制的监督通常包括：（1）检查控制是否按设计运行，是否根据情况的变化对控制做出适当修正，以发现和改进内部控制设计与运行中存在的问题和薄弱环节；（2）对内部控制制度的健全性、有效性进行监督。

按照《中国注册会计师审计准则第1211号——重大错报风险的识别和评估》（2022年12月22日修订）的要求，注册会计师应当了解申报企业用于监督与财务报告相关的内部控制的主要活动，包括了解针对与审计相关的控制活动的监督，以及申报企业如何对控制缺陷采取补救措施。如果申报企业设有内部审计，注册会计师应当了解下列事项，以确定是否能够利用内部审计的工作：（1）内部审计的职能范围以及内部审计在申报企业中的地位；（2）内部审计已实施或拟实施的活动。注册会计师应当了解申报企业监督活动所使用信息的来源，以及管理层认为信息对于实现目的足够可靠的依据。

持续的监督活动通常贯穿申报企业的日常经营活动与常规管理工作中。例如，管理层在履行其日常管理活动时，取得内部控制持续发挥功能的信息。当业务报告、申报明细表与他们获取的信息有较大差异时，将对重大差异提出疑问，并作出必要的追踪调查和处理。

申报企业可能使用内部审计人员或具有类似职能的人员对内部控制的设计和执行进行专门的评价，以找出内部控制的优点和不足，并提出改进建议。

申报企业也可能利用与外部有关各方沟通或交流所获取的信息监督相关的控制活动。在某些情况下，外部信息（如顾客投诉和监管机构的意见）可能显示内部控制存在的问题和需要改进之处。

用于监督活动的信息大多由申报企业的信息系统产生，这些信息可能会存在错报，从而导致管理层从监督活动中得出错误的结论。因此，注册会计师应当了解与申报企业监督活动相关的信息来源，以及管理层认为信息具有可靠性的依据。如果拟利用申报企业监督活动使用的信息（包括内部审计报告），注册会计师应当考虑该信息是否具有可靠的基础，是否足以实现审计目标。

在审计实践中，常见的了解专项审计相关的内部控制的底稿编制，参见示例4－7、示例4－8、示例4－9。

示例4－7：整体层面了解和评价内部控制汇总表如表4－7所示。

表4－7　　整体层面了解和评价内部控制汇总表

<table>
<tr><td rowspan="2">被审计单位：</td><td>索引号：</td><td>203101</td><td>页　　次：</td></tr>
<tr><td colspan="2">编　　制：</td><td>编制日期：</td></tr>
<tr><td>审计期间：</td><td colspan="2">复　　核：</td><td>复核日期：</td></tr>
<tr><td colspan="4">经了解，未发现被审计单位整体层面的内部控制存在缺陷（若是，则打“√”）</td></tr>
<tr><td colspan="4">经了解，发现被审计单位整体层面的内部控制存在以下缺陷：（若是，则打“√”，并按下列填报）</td></tr>
</table>

续表

控制要素	缺陷描述	对重大错报风险评估、业务流程层面内控的有效性及审计计划的影响
注：某些迹象可能表明被审计单位存在值得关注的内部控制缺陷，例如：		
1. 控制环境无效，例如，与管理层经济利益相关的重大交易没有得到治理层适当审查、识别出被审计单位内部控制未能防止的管理层舞弊（无论是否重大）、管理层未能对以前已经沟通的值得关注的内部控制缺陷采取适当的纠正措施		
2. 被审计单位内部缺乏通常应当建立的风险评估过程		
3. 被审计单位风险评估过程无效，例如，管理层未能识别出注册会计师预期被审计单位的风险评估过程应当识别出的重大错报风险		
4. 没有有效应对识别出的特别风险（如缺乏针对这种风险的控制）		
5. 注册会计师实施程序发现被审计单位的内部控制未能防止或发现并纠正错报		
6. 重述以前公布的财务报表，以更正由于错误或舞弊导致的重大错报		
7. 发现管理层无力监督财务报表编制的证据		

示例4-8：整体层面了解和评价内部控制调查表如表4-8所示。

表4-8　　整体层面了解和评价内部控制调查表

被审计单位：	索引号：	203102	页　次：	
	编　制：		编制日期：	
审计期间：	复　核：		复核日期：	
一、了解整体层面内部控制实施的程序				
可选程序		是否执行		
1. 询问		□		
2. 观察		□		
3. 检查		□		
二、了解情况记录				

续表

主要控制点	描述企业的内控设计	评价内控的设计和执行		
		设计合理，并得到执行	设计合理，未得到执行	设计无效或无相应控制
（一）控制环境				
1. 管理层是否执行重要的控制职能，如签字审批、监督、检查职能等				
2. 管理层对诚信和价值道德观念的落实				
3. 管理层对员工胜任能力的重视程度				
4. 被审计单位是否存在相关的政策或程序以保持适当的职责分离				
5. 治理层的参与程序				
（二）风险评估过程				
被审计单位管理层可能没有正式的风险评估过程，注册会计师应当与管理层讨论其如何识别与申报明细表有关的经营风险以及如何应对这些风险				
（三）信息系统与沟通				
1. 简要说明会计系统和人员分工				
2. 如果被审计单位使用计算机进行会计处理，简要说明计算机信息系统及其所进行的会计处理				
3. 被审计单位制定哪些内部控制政策与程序，以识别被审计单位发生的交易，并合理保证所有交易均已入账				
4. 会计处理方法是否有特殊之处，如有，具体说明				
5. 会计系统是否提供了完整的会计记录，使注册会计师能够在成本与效益原则的基础上实施审计程序				
6. 如何使员工了解各自在与申报明细表有关的内部控制方面的角色和职责				

续表

主要控制点	描述企业的内控设计	评价内控的设计和执行		
		设计合理，并得到执行	设计合理，未得到执行	设计无效或无相应控制
（四）控制活动				
1. 申报企业是否制定了内部控制政策和程序				
2. 申报企业是否明确支出程序和批准权限				
3. 不相容的职责在何种程度上相分离，以降低舞弊和不当行为发生的风险				
（五）对控制的监督				
被审计单位如果没有持续的监督活动，管理层往往通过其对经营活动的密切参与来识别财务数据中的重大差异和错报，注册会计师应当考虑管理层对经营活动的密切参与能否有效实现其对控制的监督目标。可考虑从以下方面进行讨论：				
1. 对控制运行情况的监督				
2. 如何及时纠正控制运行中的偏差				
3. 其他				

示例4-9：申报企业内部控制制度检查表如表4-9所示。

表4-9　　　　申报企业内部控制制度检查表

被审计单位：		索引号：	203103	页　　次：
		编　制：		编制日期：
审计期间：		复　核：		复核日期：
序号	制度名称	是否最新制度	是否有效执行	备注
1				
2				
3				
4				
5				
……				

三、从业务流程层面了解和评价申报企业的内部控制

（一）了解和评价与研究开发费用相关的控制活动和信息系统

需要说明的是，在执行审计业务时，申报企业的情况千差万别。注册会计师应当结合申报企业的实际情况，对具体业务流程作出相应的调整和取舍。

1. 了解业务流程的主要步骤

对申报企业与研究开发费用相关的内部控制的了解，应当从了解研究开发的背景开始，以便于注册会计师更好地理解申报企业的研发控制活动。对研究开发背景的了解可以围绕下列内容展开：

（1）申报企业拥有自主知识产权的情况；

（2）从事研究开发的主要领域；

（3）在研究开发方面的获奖情况；

（4）从事研究开发人员的基本情况；

（5）研究开发活动使用的材料、燃料、电力情况；

（6）研究开发活动使用的固定资产、无形资产情况等。

研究开发费用控制通常属于申报企业费用和成本控制的重要组成部分，在对研究开发费用控制进行了解时，注册会计师需要考虑那些针对研究开发费用完整性、发生、准确性和分类等认定的控制。

研究开发业务流程通常包括下列主要活动：

（1）立项和预算管理：

①项目的申请和批准；

②预算的编制和批准。

（2）人员管理：

①研发机构的设立、研发人员的组织和聘用；

②工作记录；

③绩效考核；

④薪酬的计算、支付和记录。

（3）设备、材料管理：

①设备、材料的购置申请；

②设备、材料的验收；

③设备、材料的领用和记录。

（4）委托外部研究开发：

①委托外部研究开发的申请和审批；

②委托外部开发成果的验收；

③付款和记录。

（5）结项管理：

①项目的总体评议和成果鉴定；

②预算差异分析。

了解控制的程序包括检查申报企业相关控制手册和其他书面指引、询问各部门的相关人员、观察操作流程等。例如，注册会计师可以询问研究开发项目负责人，了解研究开发项目的立项和预算情况；可以询问仓库人员，了解设备、材料管理流程；也可以询问会计人员，了解有关账务处理的流程。注册会计师应当考虑流程在各部门之间如何衔接，如单据的流转和核对，以及各部门人员的职责分工等。

注册会计师可以通过文字叙述、流程图等方式记录上述业务流程。

2. 确定错报可能发生的环节

注册会计师应当结合上述了解的结果，确定申报企业需要在哪些环节设置控制，以防止或发现并纠正交易流程中的错报，即确定错报可能发生的环节。表4-10列举了研究开发业务流程中错报可能发生的环节，以说明注册会计师如何确定申报企业的控制目标是否得到实现。

值得注意的是，一方面，某项控制目标可能涉及几项控制。注册会计师应当重点考虑某项控制活动单独或连同其他控制活动是否能够防止或发现并纠正重大错报。另一方面，某些控制可能涉及多项控制目标。因此，

表 4－10　　研究开发业务流程中错报可能发生的环节示例表

研究开发业务流程中错报可能发生的环节	认定
1. 人工费用	
怎样确保所有的研发工资/奖金费用均已入账	完整性
怎样确保非研发人员的工资/奖金不计入研发费用	发生
怎样确保研发工资/奖金费用记录于正确的期间	截止
怎样避免记录重复的研发人员工资费用	发生
怎样确保工资费用在不同研究开发项目间正确分配	分类
2. 材料、工装准备	
怎样确保所有的研发材料费用均已入账	完整性
怎样确保研发材料费用记录于正确的期间	截止
怎样避免记录重复的研发活动材料费用	发生
怎样确保非研发活动的材料支出不计入研发费用	发生
怎样确保非研发活动的工装准备支出不计入研发费用	发生
怎样确保研发材料费用在不同研究开发项目间正确分配	分类
怎样确保研发活动的工装准备费用在不同研究开发项目间正确分配	分类
3. 长期资产摊销	
怎样确保非研发活动的长期资产（固定资产、无形资产、长期待摊费用）计提的折旧或摊销的费用不计入研发费用	发生
怎样确保研发活动相关长期资产计提的折旧或摊销的费用计算正确	准确性/计价
怎样确保长期资产计提的折旧或摊销的费用在不同研究开发项目间正确分配	分类
4. 外包	
怎样确保非研发活动的外包支出不计入研发费用	发生
怎样确保委托境外的外部研发投入不计入境内的外部研发支出	发生
怎样确保外包费用计入正确的研究开发项目	分类
5. 预算	
怎样确保研发费用预算的合理性	发生/完整性
怎样确保研发费用预算得到执行	发生/完整性

在实务中，为提高审计效率，注册会计师应当考虑了解和识别能针对多项控制目标的控制。

3. 了解和识别相关控制

注册会计师应当根据申报企业的实际情况，通过询问、观察、检查、穿行测试等审计程序，了解和识别相关控制并对其结果形成审计工作记录，包括记录控制由谁执行以及如何执行。

注册会计师了解和识别内部控制时，应当将重点放在能够发现并纠正错误的关键控制，并且对控制的描述应当说明控制活动与最终的研究开发费用结构明细表的逻辑关系。

4. 执行穿行测试

执行穿行测试，证实对研发流程和相关控制的了解并确定相关控制是否得到执行。注册会计师应当选择一笔或几笔交易进行穿行测试。例如，针对人工费用，追踪从职工薪酬标准采用→员工人数统计→工时统计→支付审批→项目工时归集→项目人工费用分配→各研究开发项目人工费用数据生成的整个流程，考虑之前对相关内部控制的了解是否正确和完整，并确定相关控制是否得到执行。

在执行穿行测试时，注册会计师应当询问执行交易流程和控制的相关人员，并根据需要检查有关单据和文件，询问其对已发现的错报的处理。需要注意的是，如果不打算依赖控制，注册会计师仍应执行穿行测试，以确定之前对业务流程及可能发生错报环节的了解是否正确和完整。注册会计师还应当按照审计准则的规定，对相关控制的设计是否合理和得到执行进行评价，以确定进一步审计程序。

（二）了解与高新技术产品（服务）收入相关的控制活动和信息系统

需要说明的是，在执行审计业务时，申报企业的情况千差万别。注册会计师应当结合申报企业实际情况，对具体业务流程作出相应的调整和取舍。

1. 了解业务流程的主要步骤

销售在申报企业中通常属于重要业务流程和重要交易类别，营业收入也通常被确定为存在较高重大错报风险的重要账户。对某些企业来说，销售退回的处理可能也是重要的交易类别。

高新技术产品销售的业务流程通常包括下列主要活动：

（1）一般销售的业务流程：

①接到客户订单；

②将订单输入系统；

③核准信用状况及赊销条款；

④检查订单并准备发货；

⑤编制发运凭证（或提货单）；

⑥递交发运凭证（或提货单）至客户；

⑦开具销售发票；

⑧复核销售发票的准确性并递交至客户；

⑨生成销售明细账；

⑩汇总销售明细账并过入总账。

（2）销售退回、折扣与折让的业务流程：

①处理销售退回、折扣与折让的请求；

②批准请求；

③收到退货；

④编制销售退回、折扣与折让的表单，即销售方同意贷记购买方应收账款的凭证；

⑤记录销售退回、折扣与折让；

⑥更新应收账款账户。

（3）维护客户档案的业务流程：

①提交变更申请；

②审核、批准；

③更新客户档案。

了解的程序包括检查申报企业相关控制手册和其他书面指引、询问各部门的相关人员、观察操作流程等。例如，注册会计师可以询问销售人员，了解订单处理和开票的流程；可以询问仓库人员，了解发货的流程；也可以询问会计人员，了解有关账务处理的流程。注册会计师还应当考虑流程在各部门之间如何衔接，如单据的流转和核对，以及各部门人员的职责分工等。

注册会计师可以通过文字叙述、流程图等方式记录上述业务流程。

2. 确定错报可能发生的环节

注册会计师应当结合了解的结果，确定申报企业需要在哪些环节设置控制，以防止或发现并纠正业务流程中的错报，即确定错报可能发生的环节。表4－11列举了一般销售、销售退回、销售折扣与折让以及维护客户档案等业务流程错报可能发生的环节，以说明注册会计师如何确定申报企业的控制目标是否得到实现。

表4－11　一般销售、销售退回、销售折扣与折让以及维护客户档案等业务流程错报可能发生的环节示例表

一般销售、销售退回、销售折扣与折让以及维护客户档案等业务流程错报可能发生的环节	认定
1. 一般销售	
怎样确保已记录销售订单内容的准确性	准确性
怎样确保销售订单经过管理层核准	发生
怎样确保销售订单均已得到有效处理	完整性
怎样确保发货记录于正确的期间	截止
怎样确保已记录的销售均已发货	发生
怎样确保及时开具发票	完整性/截止
怎样确保发票开具和销售价格经过管理层批准	准确性/计价
怎样确保登记入账的销售数量系经核准的已发货数量	准确性/计价
怎样确保所有销售均已登记入账	完整性
怎样确保已记录的销售均为真实发生	发生
怎样确保销售得到及时记录	截止
怎样确保销售记录于正确的期间	截止
怎样确保销售均已准确记录并对高新技术产品收入进行恰当分类	分类
2. 销售退回、折扣与折让	
怎样确保已记录的销售退回、折扣与折让均为真实发生	完整性
怎样确保已发生的销售退回、折扣与折让均已准确记录	准确性/分类
怎样确保已发生的销售退回、折扣与折让记录于正确的期间	截止
怎样确保已发生的销售退回、折扣与折让均已记录	发生

续表

3. 维护客户档案	
怎样确保对客户档案的变更均真实有效	完整性/发生
怎样确保对客户档案变更是准确的	准确性/分类
怎样确保将客户档案变更记录于正确的期间	完整性/发生
怎样确保客户档案数据及时更新	完整性/发生

值得注意的是，一方面，某项控制目标可能涉及几项控制，注册会计师应当重点考虑某项控制活动单独或连同其他控制活动，是否能够防止或发现并纠正重大错报。另一方面，某些控制可能涉及多项控制目标。因此，在实务中，为提高审计效率，注册会计师应当考虑了解和识别能针对多项控制目标的控制。

3. 了解和识别相关控制

注册会计师应当根据申报企业的实际情况，通过询问、观察、检查、穿行测试等审计程序，了解和识别相关控制并对其结果形成审计工作记录，包括记录控制由谁执行以及如何执行。

在了解和识别内部控制时，注册会计师应当将重点放在能够发现并纠正错误的关键控制，并且对控制的描述应当说明控制活动与最终的高新技术产品（服务）收入明细表的逻辑关系。

4. 执行穿行测试

注册会计师应当选择一笔或几笔交易进行穿行测试。例如，针对销售，追踪从接到客户订单→将订单输入系统→核准信用状况及赊销条款→核准订单并准备发货→编制发运凭证（或提货单）→递交发运凭证（或提货单）至客户→开具销售发票→复核发票的准确性并递交至客户→生成销售明细账→汇总销售明细账过入总账等交易的整个流程，考虑之前对相关控制的了解是否正确和完整，并确定相关控制是否得到执行。

在执行穿行测试时，注册会计师应当询问执行业务流程和控制的相关人员并根据需要检查有关单据和文件，询问其对已发现错报的处理。需要注意的是，如果不打算信赖控制，注册会计师仍应当执行穿行测试，以确定之前对业务流程及可能发生错报环节的了解是否准确和完整。注册会计师还应当按照审计准则的相关规定，对相关控制设计是否合理和得到执行进行评价，以确定进一步审计程序。

在审计实践中，常见的业务流程层面了解和评价申报企业内部控制底稿编制，参见示例 4－10、示例 4－11、示例 4－12、示例 4－13、示例 4－14、示例 4－15、示例 4－16。

示例 4－10： 业务流程层面了解和评价内部控制汇总表如表 4－12 所示。

表 4－12　　业务流程层面了解和评价内部控制汇总表

<table>
<tr><td rowspan="2">被审计单位：</td><td>索引号：</td><td>203201</td><td>页　　次：</td><td></td></tr>
<tr><td>编　制：</td><td></td><td>编制日期：</td><td></td></tr>
<tr><td>审计期间：</td><td>复　核：</td><td></td><td>复核日期：</td><td></td></tr>
<tr><td colspan="5">一、了解业务流程层面内部控制实施的程序</td></tr>
<tr><td colspan="3">可选程序</td><td colspan="2">是否执行</td></tr>
<tr><td colspan="3">1. 询问</td><td colspan="2">□</td></tr>
<tr><td colspan="3">2. 观察</td><td colspan="2">□</td></tr>
<tr><td colspan="3">3. 检查</td><td colspan="2">□</td></tr>
<tr><td colspan="3">4. 穿行测试</td><td colspan="2">□</td></tr>
<tr><td colspan="5">二、评价结论</td></tr>
<tr><td colspan="5">经了解，未发现被审计单位业务层面的内部控制存在缺陷：　□（若是，则打“√”）</td></tr>
<tr><td colspan="5">经了解，发现被审计单位业务层面的内部控制存在以下缺陷：　□（若是，则打“√”，并按下列填报）</td></tr>
</table>

<table>
<tr><td rowspan="2">业务流程</td><td rowspan="2">识别的缺陷</td><td>是否属于重大缺陷</td><td rowspan="2">索引号</td><td rowspan="2">对重大错报风险评估、业务流程层面内控的有效性及审计计划的影响</td><td rowspan="2">是否需与被审计单位治理层或管理层沟通</td></tr>
<tr><td>（是/否）</td></tr>
<tr><td></td><td></td><td></td><td></td><td></td><td></td></tr>
<tr><td></td><td></td><td></td><td></td><td></td><td></td></tr>
<tr><td></td><td></td><td></td><td></td><td></td><td></td></tr>
<tr><td></td><td></td><td></td><td></td><td></td><td></td></tr>
<tr><td></td><td></td><td></td><td></td><td></td><td></td></tr>
</table>

示例4－11：了解研究开发费用相关的内部控制如表4－13所示。

表4－13　　了解研究开发费用相关的内部控制

被审计单位：		索引号：	203202	页　次：	
		编　制：		编制日期：	
审计期间：		复　核：		复核日期：	
调查内容	认定	是否调查			评价
		是	否	不适用	
人员人工费用					
1. 所有科技人员工资薪金均已入账	完整性				
2. 非科技人员工资薪金不计入研发费用	发生				
3. 研发工资薪金费用等记录于正确的期间	截止				
4. 避免记录重复的研发人员工资	发生				
5. 工资费用在不同研究开发费用间正确分配	分类				
材料、工装准备					
1. 所有研发材料费用均已入账	完整性				
2. 研发材料费用记录于正确期间	截止				
3. 避免重复记录研发活动材料费用	发生				
4. 确保非研发活动材料支出不计入研发费用	发生				
5. 确保非研发活动工装准备支出不计入研发费用	发生				
6. 研发材料费用在不同研究开发项目间正确分配	分类				
7. 研发工装准备费用在不同研究开发项目间正确分配	分类				

续表

调查内容	认定	是否调查			评价
		是	否	不适用	
长期资产摊销					
1. 非研发活动的长期资产（固定资产、无形资产、长期待摊费用）计提的折旧或摊销的费用不计入研发费用	发生				
2. 研发活动相关的长期资产计提的折旧或摊销的费用计算正确	准确性/计价				
3. 研发活动相关的长期资产计提的折旧或摊销的费用在不同研究开发项目间正确分配	分类				
外包					
1. 非研发活动的外包支出不计入研发费用	发生				
2. 委托境外的外部研发投入不计入境内的外部研发支出	发生				
3. 外包费用计入正确的研究开发项目	分类				
预算					
1. 研发费用预算的合理性	发生/完整性				
2. 研发费用预算得到执行	发生/完整性				

注：注册会计师应当结合被审计单位实际情况，对内控测试的内容和方法做出相应的调整和取舍。

示例4－12：了解高新技术产品（服务）收入相关的内部控制如表4－14所示。

表4－14　　了解高新技术产品（服务）收入相关的内部控制

<table>
<tr><td colspan="2" rowspan="2">被审计单位：</td><td>索引号：</td><td>203203</td><td>页　次：</td><td></td></tr>
<tr><td>编　制：</td><td></td><td>编制日期：</td><td></td></tr>
<tr><td colspan="2">审计期间：</td><td>复　核：</td><td></td><td>复核日期：</td><td></td></tr>
<tr><td rowspan="2">调查内容</td><td rowspan="2">认定</td><td colspan="3">是否调查</td><td rowspan="2">评价</td></tr>
<tr><td>是</td><td>否</td><td>不适用</td></tr>
<tr><td>一般销售</td><td></td><td></td><td></td><td></td><td></td></tr>
<tr><td>1. 确保已记录销售订单内容的准确性</td><td>准确性</td><td></td><td></td><td></td><td></td></tr>
<tr><td>2. 销售订单经过管理层核准</td><td>发生</td><td></td><td></td><td></td><td></td></tr>
<tr><td>3. 销售订单均已得到有效处理</td><td>完整性</td><td></td><td></td><td></td><td></td></tr>
<tr><td>4. 发货记录于正确时间</td><td>截止</td><td></td><td></td><td></td><td></td></tr>
<tr><td>5. 已记录销售均已发货</td><td>发生</td><td></td><td></td><td></td><td></td></tr>
<tr><td>6. 及时开具发票</td><td>完整性/截止</td><td></td><td></td><td></td><td></td></tr>
<tr><td>7. 发票开具和销售价格经过管理层批准</td><td>准确性/计价</td><td></td><td></td><td></td><td></td></tr>
<tr><td>8. 登记入账销售数量系经核准的已发货数量</td><td>准确性/计价</td><td></td><td></td><td></td><td></td></tr>
<tr><td>9. 所有销售均已登记入账</td><td>完整性</td><td></td><td></td><td></td><td></td></tr>
<tr><td>10. 已记录的销售均真实发生</td><td>发生</td><td></td><td></td><td></td><td></td></tr>
<tr><td>11. 销售得到及时记录</td><td>截止</td><td></td><td></td><td></td><td></td></tr>
<tr><td>12. 销售记录于正确期间</td><td>截止</td><td></td><td></td><td></td><td></td></tr>
</table>

续表

调查内容	认定	是否调查			评价
		是	否	不适用	
13. 对高新技术产品（服务）收入进行恰当分类	分类				
销售退回、折扣与折让					
1. 已记录的销售退回、折扣与折让均真实发生	完整性				
2. 已发生的销售退回、折扣与折让均已准确记录	准确性/分类				
3. 已发生的销售退回、折扣与折让记录于正确的期间	截止				
4. 已发生的销售退回、折扣与折让均已记录	发生				
维护客户档案					
1. 对客户档案的变更均真实有效	完整性/发生				
2. 对客户档案的变更是准确的	准确性/分类				
3. 将客户档案的变更记录于正确的期间	完整性/发生				
4. 客户档案数据及时更新	完整性/发生				

注：注册会计师应当结合被审计单位实际情况，对内控测试的内容和方法做出相应的调整和取舍。

示例 4－13：研究开发费用穿行测试记录表如表 4－15 所示。

表 4－15　　研究开发费用穿行测试记录表

被审计单位：				索引号：	2041	页　　次：		
				编　制：		编制日期：		
审计期间：				复　核：		复核日期：		
主要业务活动	业务流程	控制目标	所检查（取得）文件名称	所检查（取得）文件编号	设计是否有效	控制是否得到执行，未得到执行请解释（是/否/N/A）	是否为关键控制	缺陷评价
一、人员费用								
1. 雇佣	1.1 收集研发人员信息	准确记录员工信息						
	1.2 维护研发人员主文档	及时保存和更新员工主文档						
2. 支付员工工资	2.1 收集工作时间	记录工作时间真实发生且记录准确						
	2.2 收集其他薪酬信息	薪资计算合理						
	2.3 向财务部门发送数据，以供其处理	薪酬经过适当的审批后发放						
	2.4 从财务部门获得经处理的信息	确保服务机构已实际支付						
	2.5 在工资系统中记录信息	确保工资子系统正确录入信息						
	2.6 在总账中记录工资	确保支付工资及时入账						
二、材料、工装准备								
1. 订购单	1.1 维护供应商档案	准确记录供应商信息						
	1.2 维护库存档案	及时保存和更新供应商主文档						
	1.3 获取订货单信息	确保采购订单经过适当的审批						
	1.4 记录订单信息	确保采购订单及时完整记录						

续表

主要业务活动	业务流程	控制目标	所检查（取得）文件名称	所检查（取得）文件编号	设计是否有效	控制是否得到执行，未得到执行请解释（是/否/N/A）	是否为关键控制	缺陷评价
2. 收到货物	2.1 收集验收信息	确保收到货物质量的符合性						
	2.2 输入收货信息	确保收到货物数量的准确性						
3. 应付款项	3.1 付款	确保款项支付经过适当审批						
	3.2 在应付款子系统中记录实际支付的款项	确保应付账款子系统正确录入信息						
	3.3 在总账中记录支付款	确保支付款项及时入账						
4. 领用	4.1 制作领料凭证	领料凭证经过适当审批						
	4.2 物流部门（仓库）办理出库	确保发出材料数量的准确性，并且经过适当的审批						
	4.3 记录领用日期	确保发出材料已经研发部门验收确认						
三、其他费用								
1. 费用类合同的签订	1.1 合同申请及审批	确保合同真实，合同签订经过适当的审批						
	1.2 合同管理	确保合同归档，专人管理合同						
2. 合同的执行	2.1 合同进度及结算审批	确保职责适当分离，权限适当设置						
	2.2 费用类合同的财务处理	确保费用报销及时入账						
3. 其他费用的发生	3.1 研发费用的审批	费用支出真实，经过有效审批						
	3.2 研发费用的账务处理	确保费用报销及时入账						

示例4－14： 高新技术产品（服务）收入穿行测试记录表如表4－16所示。

表4－16 **高新技术产品（服务）收入穿行测试记录表**

被审计单位：				索引号：	2042	页　次：		
				编　制：		编制日期：		
审计期间：				复　核：		复核日期：		
主要业务活动	业务流程	控制目标	所检查（取得）文件名称	所检查（取得）文件编号	设计是否有效	控制是否得到执行，未得到执行请解释（是/否/N/A）	是否为关键控制	缺陷评价
1. 规章制度和权责分离	1.1 制定高新收入与应收流程的相关制度	确保销售业务有相关的控制制度						
	1.2 建立岗位职责，销售相关业务权责分离	确保销售相关业务权责分离，各职责人员相互监督						
2. 销售活动	2.1 编制年度销售计划和月度计划	销售计划经过适当的分析和审批						
	2.2 制定产品销售指导价格	销售价格的制定经过适当的审批						
	2.3 建立销售谈判相互监督体系	确保销售谈判有相互监督体系						
	2.4 销售合同经过适当审批和签署	确保销售合同的签订经过适当的审批						

续表

主要业务活动	业务流程	控制目标	所检查（取得）文件名称	所检查（取得）文件编号	设计是否有效	控制是否得到执行，未得到执行请解释（是/否/N/A）	是否为关键控制	缺陷评价
2. 销售活动	2.5 记录销售合同台账	确保所有销售合同予以记录						
	2.6 确定关于合同的恰当的会计处理	合同的会计处理符合合同条款						
3. 客户管理	3.1 建立新客户，收集客户信息，评估客户信用	新客户建立经过适当审批						
	3.2 系统客户主数据维护权限控制	确保客户主数据维护的权限合理地授予适当岗位的人员，且与审批岗实现职责分离						
	3.3 整理销售合同，形成完整客户档案资料	确保销售合同归档，维护客户信息						
	3.4 客户的销售价格经过适当审批	确保销售价格的制定经过适当的审批						
	3.5 客户信用额度经过适当的申请和审批	确保给予客户的信用额度经过适当的审批						

续表

主要业务活动	业务流程	控制目标	所检查（取得）文件名称	所检查（取得）文件编号	设计是否有效	控制是否得到执行，未得到执行请解释（是/否/N/A）	是否为关键控制	缺陷评价
3. 客户管理	3.6 复核销售订单对客户的信用额度	确保给予客户的信用经过有权限的人员审批，并与销售职责分离						
	3.7 生成与客户相关的销售订单	确保销售订单经过适当的审批						
4. 发货管理	4.1 销售与发货职责分离管理	销售订单的维护权限与出库权限不被授予同一个用户						
	4.2 制作提货凭证	提货凭证经过适当审批						
	4.3 物流部门（仓库）办理出库	确保发货数量的准确性，并且经过适当的审批						
	4.4 记录销售日期	确保发货已经客户验收确认						
5. 收款管理	5.1 记录应收账款	收入的确认、成本的结转经过适当审批						

续表

主要业务活动	业务流程	控制目标	所检查（取得）文件名称	所检查（取得）文件编号	设计是否有效	控制是否得到执行，未得到执行请解释（是/否/N/A）	是否为关键控制	缺陷评价
5. 收款管理	5.2 记录客户收款（银行存款或现金）	确保预收和现收款得到适当控制，并归结在正确的客户项下						
	5.3 记录客户收款（票据形式）	确保票据管理的准确性和票据报关经过适当审批						
6. 发票管理	6.1 开具发票是否经过适当的审批	确保发票开具经过适当审批						
	6.2 财务部门开具销售发票，确保发票信息的准确性	确保发票信息的准确性						
7. 销售折扣与折让管理	7.1 制定折扣与折让的相关制度	确保折扣折让业务有相关的控制制度						
	7.2 折扣与折让的审批	保证折扣折让经授权并审批						
	7.3 确定关于现金折扣的恰当的会计处理	保证折扣核算正确性						

续表

主要业务活动	业务流程	控制目标	所检查（取得）文件名称	所检查（取得）文件编号	设计是否有效	控制是否得到执行，未得到执行请解释（是/否/N/A）	是否为关键控制	缺陷评价
8. 销售退回	8.1 批准退回和索赔	保证销售退回有适当的授权和程序						
	8.2 收到退货	确保货物退回入库						
	8.3 在系统中记录退货的收货信息	确保退回货物及时准确记录						
	8.4 客户跟踪服务	确保产品销售、售后服务的质量，提高质量和服务水平						

示例4－15：舞弊风险评估与应对如表4－17所示。

表4－17　　舞弊风险评估与应对

被审计单位：	索引号：	2050	页　　次：	
	编　　制：		编制日期：	
审计期间：	复　　核：		复核日期：	

一、审计目标

针对评估的舞弊导致的申报明细表重大错报风险制定应对措施

二、审计程序

序号	特别考虑的重大错报风险因素	评估结果	索引/备注
1	被审计单位管理层可能存在为了申请高新技术企业资格以享受税收优惠政策的动机，导致高新技术研究开发费用支出与高新技术产品（服务）收入存在重大错报风险。［研发费用支出或高新技术产品（服务）收入比例接近高新认定的最低要求时应特别关注是否可能存在舞弊］		
2	错报风险是否与被审计单位近期高新技术产品（服务）收入、申报企业的经营状况、会计处理方法和其他方面的重大变化有关		
3	研究开发项目的复杂程度。例如，大型复杂的研究开发项目可能涉及多个分支机构与多个部门，注册会计师应当考虑研究开发费用的归集是否完整		
4	研发费用支出、高新技术产品（服务）收入是否涉及重大的关联方交易		详见关联方交易
5	申报明细表信息计量。例如，高新技术系统集成产品收入的确认是否可能存在较大的随意性从而产生高新技术产品（服务）收入确认的风险		
6	高新技术产品（服务）收入是否涉及异常或与商业惯例不符的重大交易		

三、针对评估的舞弊导致的申报明细表层次重大错报风险，拟实施的总体应对措施（方格中作上标记“√”）

□	加强对项目组成员工作的监督和指导
□	考虑被审计单位管理层对重大会计政策（特别是涉及主观计量或复杂交易时）的选择和运用
□	避免某些进一步审计程序被被审计单位预见或事先了解

续表

四、针对评估的舞弊导致的各类交易、账户余额和披露的认定层次重大错报风险，拟实施的应对措施			
序号	交易、账户余额和披露	舞弊风险相关认定	应对措施

示例4-16：关联方及关联方交易如表4-18所示。

表4-18　　　　关联方及关联方交易

被审计单位：	索引号：	2060	页　　次：	
	编　制：		编制日期：	
审计期间：	复　核：		复核日期：	

审计目标和审计程序	适应与否	索引号
一、审计目标		
1. 充分了解关联方关系及其交易，以便能够确认由此产生的、与识别和评估由于舞弊导致的重大错报风险相关的舞弊风险因素（如有），根据获取的审计证据，就申报明细表受到关联方关系及其交易的影响而言，确定申报明细表是否实现公允反映		
2. 获取充分、适当的审计证据，确定关联方关系及其交易是否已按照适用的申报明细表编制基础得到恰当识别、会计处理和披露		
二、风险识别和评估程序		
1. 就关联方及其交易导致的舞弊或错误使申报明细表存在重大错报的可能性进行项目组内部讨论		
2. 询问被审计单位管理层下列事项：		
2.1 关联方的名称和特征，包括关联方自上期以来发生的变化		
2.2 被审计单位和关联方之间关系的性质		
2.3 被审计单位在本期是否与关联方发生交易，如发生，交易的类型、定价政策和目的		
3. 获取管理层编制的关联方关系及其交易的清单，与相关审计报告中披露的信息进行比较		

续表

审计目标和审计程序	适应与否	索引号
4. 如果管理层建立了与关联方关系及其交易相关的控制，询问管理层和被审计单位内部的其他人员，实施其他适当的风险评估程序，以获取对相关控制的了解：		
4.1 是否具有用于规范在何种情形下被审计单位可以从事特定类型关联方交易的内部职业道德手册，该手册是否已适当地向员工传达并得以贯彻执行		
4.2 是否公开、及时披露管理层和治理层在关联方交易中的利益的政策和程序		
4.3 被审计单位内部是否就识别、记录关联方交易的职责进行分工		
4.4 管理层和治理层是否就超出正常经营过程的重大关联方交易及时进行的讨论和披露，包括治理层是否通过向外部专业人员咨询等方式恰当质疑交易商业理由的合理性		
4.5 是否对涉及现实或潜在利益冲突的关联方交易的批准提供清晰的指引		
4.6 内部审计人员是否定期实施检查		
4.7 管理层是否为解决关联方披露问题而采取积极行动		
4.8 是否具有恰当的举报政策和程序		
4.9 是否已按照适用的财务报告编制基础，对关联方关系及其交易进行识别、会计处理和披露		
4.10 授权和批准重大关联方交易和安排		
4.11 授权和批准重大及超出正常经营过程的关联方交易和安排		
5. 检查相关记录或文件，以确定是否存在管理层以前未识别或未向注册会计师披露的关联方关系或关联方交易		
6. 如果识别出可能表明存在管理层以前未识别出或未向注册会计师披露的关联方关系或关联方交易的安排或信息，确定相关情况是否能够证实关联方关系或关联方交易的存在		
7. 如果识别出被审计单位超出正常经营过程的重大交易，向管理层询问：		
7.1 交易的性质，包括交易的商业理由、交易的条款和条件		
7.2 交易是否涉及关联方		
8. 如果识别出下列情形，判断是否存在具有支配性影响的关联方：		
8.1 关联方否决管理层或治理层作出的重大经营决策		
8.2 重大交易需经关联方的最终批准		

续表

审计目标和审计程序	适应与否	索引号
8.3 对关联方提出的业务建议，管理层和治理层未曾或很少进行讨论		
8.4 对涉及关联方（或与关联方关系密切的家庭成员）的交易，极少进行独立复核和批准		
8.5 关联方在被审计单位的设立和日后管理中均发挥主导作用		
8.6 其他可能表明存在具有支配性影响的关联方的情形		
9. 如果存在具有支配性影响的关联方，并识别出下列其他风险因素，判断是否可能存在由于舞弊导致的特别风险：		
9.1 异常频繁变更高级管理人员或专业顾问		
9.2 利用中间机构从事难以判断是否具有正当商业理由的重大交易		
9.3 有证据显示关联方过度干涉或关注会计政策的选择或重大会计估计的作出		
10. 向管理层询问是否拟在申报明细表中声明关联方交易是按照等同于公平交易中的通行条款执行		
11. 向组成部分注册会计师提供集团管理层编制的关联方清单，以及集团项目组知悉的任何其他关联方		
三、针对与关联方关系及其交易相关的重大错报风险的应对措施		
1. 针对管理层以前未识别出或未向注册会计师披露的关联方关系或重大关联方交易：		
1.1 立即将相关信息向项目组其他成员通报		
1.2 要求管理层识别与新识别出的关联方之间发生的所有交易，以便注册会计师作出进一步评价，并询问与关联方关系及其交易相关的控制为何未能识别或披露该关联方关系或交易		
1.3 实施恰当的实质性程序		
1.4 重新考虑可能存在管理层以前未识别出或未向注册会计师披露的其他关联方或重大关联方交易的风险，如有必要，实施追加的审计程序		
1.5 如果显示管理层不披露关联方关系或交易看似有意，因而显示可能存在由于舞弊导致的重大错报风险，评价这一情况对审计的影响		
2. 针对超出正常经营过程的重大关联方交易：		
2.1 检查相关合同或协议（如有），评价		
2.1.1 交易的商业理由（或缺乏商业理由）		
2.1.2 交易条款是否与管理层的解释一致		

续表

审计目标和审计程序	适应与否	索引号
2.1.3 关联方交易是否已按照适用的财务报告编制基础得到恰当会计处理和披露		
2.2 获取交易已经恰当授权和批准的审计证据		
2.3 实施恰当的实质性程序		
3. 针对公平交易认定：		
3.1 获取管理层用于支持其认定的资料		
3.2 考虑管理层用于支持其认定的程序是否恰当		
3.3 验证支持管理层认定的内部或外部数据来源，对这些数据进行测试，以判断其准确性、完整性和相关性		
3.4 评价管理层认定所依据的重大假设的合理性		
3.5 如果利用管理层的专家的工作，完成“利用管理层的专家的工作”底稿		
3.6 如果利用注册会计师的专家的工作，完成“利用注册会计师的专家的工作”底稿		
4. 针对管理层未能按照企业会计准则的规定对特定关联方交易进行恰当会计处理和披露：		
4.1 如果可行且法律法规或注册会计师职业道德守则未予禁止，向银行、律师事务所、担保人或者代理商等中间机构函证或与之讨论交易的具体细节		
4.2 向关联方函证交易目的、具体条款或金额		
4.3 如果适用并且可行，查阅关联方的财务报表或其他相关财务信息，以获取关联方对关联方交易进行会计处理的证据		
5. 针对具有支配性影响的关联方导致的特别风险：		
5.1 询问管理层和治理层并与之讨论		
5.2 询问关联方		
5.3 检查与关联方之间的重要合同		
5.4 通过互联网或某些外部商业信息数据库，进行适当的背景调查		
5.5 如果被审计单位保留了员工的举报报告，查阅该报告		
5.6 实施恰当的实质性程序		
6. 获取书面声明		
7. 与治理层进行沟通		

续表

审计目标和审计程序	适应与否	索引号
四、测试和评价关联方及其交易的会计处理		
1. 在审计过程中，对下列交易保持警惕，考虑是否存在在计划审计工作时未识别出的关联方：		
1.1 价格利率、担保和付款等条件异常的交易		
1.2 商业理由明显不合乎逻辑的交易		
1.3 实质与形式不符的交易		
1.4 处理方式异常的交易		
1.5 与某些顾客或供货商进行的大量或重大交易		
1.6 未予记录的交易		
2. 在执行下列审计程序时，关注是否存在关联方交易：		
2.1 执行交易和余额的细节测试		
2.2 查阅股东会和董事会的会议纪要		
2.3 复核大额、偶发或异常的交易、账户余额的会计记录，特别关注接近报告期末或在报告期末确认的交易		
2.4 复核对债权债务关系的询证函回函以及银行询证函回函，以发现担保关系和其他关联方交易		
2.5 复核投资交易		
3. 针对已识别的关联方交易，实施下列审计程序：		
3.1 了解交易的商业理由		
3.2 检查证实交易的支持性文件（例如，发票、合同、协议及入库和运输单据等相关文件）		
4. 如果可获取与关联方交易相关的审计证据有限，考虑实施下列审计程序：		
4.1 向关联方函证交易的条件和金额，包括担保和其他重要信息		
4.2 检查关联方拥有的信息		
4.3 向与交易相关的人员和机构（例如银行、律师）函证或与其讨论有关信息		

四、识别和评估重大错报风险

按照《中国注册会计师审计准则第1211号——重大错报风险的识别和评估》（2022年12月22日修订）的要求，注册会计师应当识别重大错报风险，并确定其存在于申报明细表层次，还是各类交易、列报的认定层次。

1. 识别和评估重大错报风险的程序

在识别与评估重大错报风险时，注册会计师应当实施下列程序：

（1）在了解申报企业及其环境的整个过程中识别风险；

（2）将识别的风险与认定层次可能发生的错报领域相联系；

（3）考虑识别的风险是否重大；

（4）考虑识别的风险导致申报明细表发生重大错报的可能性。

2. 识别与评估申报明细表层次的重大错报风险

注册会计师应当确定所识别的重大错报风险是否与申报明细表整体广泛相关。例如，申报企业未能提供研究开发项目的相关计划与实施方案、研究开发工作记录，则其编制的研究开发费用结构明细表整体上就可能存在重大错报风险。

申报明细表层次的重大错报风险很可能源于薄弱的控制环境。薄弱的控制环境带来的风险可能对申报明细表产生广泛影响，例如，申报企业未建立完善的内部控制制度，申报明细表则可能产生重大错报风险；管理层因薪酬制度、实施股权激励等原因可能凌驾于内部控制制度之上，伪造或篡改编制申报明细表所依据的会计记录或相关文件，随意变更与高新技术研究开发费用支出或产品（服务）收入相关的会计政策与会计估计，形成申报明细表层次的重大错报风险。

注册会计师应当针对申报明细表层次的重大错报风险采取总体应对措施。

3. 识别与评估认定层次重大错报风险

注册会计师应当确定所识别的重大错报风险是否与特定的某类交易和

列报的认定相关。例如，申报企业对某笔较大金额的研究开发费用支出未能提供相关合同以证实其确为研究开发费用，则该笔支出将影响研究开发费用的“发生”认定。

注册会计师在识别和评估认定层次重大错报风险时，应当考虑下列情况：

（1）通过实施询问、检查文件记录程序了解研究开发项目的相关信息，包括该项目的实施进度，分析申报企业对研究开发费用归集的真实性，判断申报企业管理层对费用的发生、截止、分类等认定是否存在重大错报，考虑是否存在高估研究开发费用支出的风险。

（2）通过了解高新技术产品（服务）的识别标志与技术属性，分析高新技术产品（服务）销售收入归集的准确性，判断管理层关于收入的发生、截止、分类的认定是否存在故意误用等情况，考虑是否存在高估高新技术产品（服务）收入的风险。

4. 内部控制对评估认定层次重大错报风险的影响

在评估重大错报风险时，注册会计师应当将所了解的控制与特定认定相联系。例如，高新技术产品（服务）收入的截止、分类认定存在重大错报可能与销售收入循环的内部控制相关。

5. 需要特别考虑的重大错报风险

注册会计师应当运用职业判断，确定识别的风险中哪些是需要特别考虑的重大错报风险。在确定风险的性质时，注册会计师应当考虑下列事项：

（1）申报企业管理层可能存在为了申请高新技术企业资格以享受税收优惠政策的动机，导致高新技术研究开发费用支出与高新技术产品（服务）收入存在重大错报风险。

注册会计师应当假定申报企业的高新技术研究开发费用支出和高新技术产品（服务）收入存在舞弊风险；

（2）错报风险是否与申报企业近期高新技术产品（服务）收入、申报企业的经营状况、会计处理方法和其他方面的重大变化有关；

（3）研究开发项目的复杂程度。例如，大型复杂的研究开发项目可能涉及多个分支机构与多个部门，注册会计师应当考虑研究开发费用的归集是否完整；

（4）高新技术产品（服务）收入是否涉及重大的关联方交易；

（5）申报明细表信息计量。例如，高新技术系统集成产品收入的确认是否可能存在较大的随意性从而产生高新技术产品（服务）收入确认的风险；

（6）高新技术产品（服务）收入是否涉及异常或与商业惯例不符的重大交易。

6. 考虑与特别风险相关的控制

了解与特别风险相关的控制，有助于注册会计师制定有效的审计方案予以应对。针对特别风险，注册会计师应当评价相关控制的设计情况，并确定其是否已经得到执行。如果申报企业管理层未能实施控制以恰当应对特别风险，注册会计师应当认为内部控制存在重大缺陷，并考虑其对风险评估的影响。在此情况下，注册会计师应当就此类事项与治理层沟通。

7. 仅通过实质性程序无法应对的重大错报风险

如果申报企业对日常交易的处理高度自动化，审计证据可能仅以电子形式存在，其充分性和适当性通常取决于自动化信息系统相关控制的有效性，注册会计师应当考虑仅通过实施实质性程序不能获取充分、适当审计证据的可能性。如果认为仅通过实施实质性程序不能获取充分、适当的审计证据，注册会计师应当考虑依赖相关的内部控制。

注册会计师对认定层次重大错报风险的识别或评估，可能随着审计过程中不断获取审计证据而作出相应的变化。因此，识别或评估重大错报风险与了解申报企业及其环境等方面情况一样，也是一个连续和动态地收集、更新与分析信息的过程，贯穿整个审计过程的始终。

在审计实践中，常见的识别和评估重大错报风险底稿编制，参见示例 4－17、示例 4－18、示例 4－19。

示例 4－17：项目组讨论纪要——风险评估如表 4－19 所示。

表 4－19　　项目组讨论纪要——风险评估

被审计单位：	索引号：	2070	页　次：
	编　制：		编制日期：
审计期间：	复　核：		复核日期：

会议日期：
会议地点：
参加人员：
一、项目组就申报明细表存在重大错报的可能性进行的讨论以及得出的重要结论
1. 被审计单位的总体情况和报告要求
2. 对于连续审计业务，总结以前年度审计工作情况以识别重要问题
3. 被审计单位及其环境的重大变化
4. 被审计单位面临的经营风险、申报明细表容易发生的错报的领域以及发生的错报的方式，特别是由于舞弊或错误导致重大错报的可能性
5. 潜在的申报明细表重大错报，项目组成员各自实施的审计程序的结果可能影响审计的其他方面，包括对确定进一步审计程序的性质、时间安排和范围的影响
……
二、项目组就由于舞弊导致申报明细表发生重大错报的可能性进行的讨论

示例 4－18：评估的申报明细表层次重大错报风险如表 4－20 所示。

表 4－20　　评估的申报明细表层次重大错报风险

被审计单位：	索引号：	2081	页　次：
	编　制：		编制日期：
审计期间：	复　核：		复核日期：

续表

具体审计计划中对应底稿索引号	风险描述

对评估的申报明细表层次重大错报风险确定总体应对措施

具体措施	是否采用		备注
	是	否	
1. 向项目组强调在收集和评价审计证据过程中保持职业怀疑态度的必要性			
2. 分派更有经验或具有特殊技能的审计人员，或利用专家的工作			
3. 提供更多的督导			
4. 在选择拟实施的进一步审计程序时融入更多的不可预见的因素：			
4.1 对风险程度较低的账户也实施实质性程序			
4.2 调整审计程序的时间，使之有别于预期的时间安排			
4.3 运用不同的抽样方法			
4.4 对不同地理位置的多个组成部分实施审计程序			
4.5 以不预先通知的方式实施审计程序			
5. 对拟实施审计程序的性质、时间安排和范围作出总体修改：			
5.1 在期末实施更多的审计程序			
5.2 通过实施实质性程序获取更广泛的审计证据			
5.3 获取更具说服力的审计证据			
5.4 扩大审计程序的范围			

对计划的进一步审计程序总体方案的影响

1. 拟实施的进一步审计程序以实质性程序为主	□
2. 拟实施进一步审计程序时，将控制测试与实质性程序结合使用	□

示例 4 - 19：评估的认定层次重大错报风险如表 4 - 21 所示。

表 4 - 21 **评估的认定层次重大错报风险**

被审计单位：					索引号：	2082	页　　次：	
					编　制：		编制日期：	
审计期间：					复　核：		复核日期：	
风险编号	具体审计计划书中对应部分索引	风险的性质（不考虑相关控制）	相关控制	识别的重大错报风险		是否为特别风险及原因	是否属于仅通过实质性测试程序无法应对的错报风险	重大错报风险水平
				交易	发生额和披露			

说明：特别风险通常指与舞弊等行为相关。重大错报风险水平通常用高、中、低来衡量。

五、风险应对

《中国注册会计师审计准则第1101号——注册会计师的总体目标和审计工作的基本要求》（2022年12月22日修订）要求注册会计师在审计过程中贯彻风险导向审计的理念，围绕重大错报风险的识别、评估和应对，计划和实施审计工作。《中国注册会计师审计准则第1211号——重大错报风险的识别和评估》（2022年12月22日修订）规范了注册会计师通过实施风险评估程序，识别和评估财务报表层次以及各类交易、账户余额和披露认定层次的重大错报风险。《中国注册会计师审计准则第1231号——针对评估的重大错报风险采取的应对措施》（2022年12月22日修订）规范了注册会计师针对评估的重大错报风险确定总体应对措施，设计和实施进一步审计程序。因此，注册会计师应当针对评估的重大错报风险实施程序，即针对评估的财务报表层次重大错报风险确定总体应对措施，并针对评估的认定层次重大错报风险设计和实施进一步审计程序，以将审计风险降至可接受的低水平。

注册会计师应当针对评估的重大错报风险确定下列总体应对措施：

1. 向项目组强调保持职业怀疑的必要性。

2. 指派更有经验或具有特殊技能的审计人员，或利用专家的工作。由于各行业在经营业务、经营风险、法规要求等方面具有特殊性，审计人员的专业分工细化成为一种趋势。审计项目组成员中应有一定比例的人员曾经参与过申报企业以前年度的审计，或具有申报企业所处特定行业的相关审计经验。必要时，要考虑利用信息技术等领域专家的工作。

3. 提供更多的督导。由于高新技术企业认定专项审计工作政策性强、审计风险大，审计项目组高级别成员，如项目合伙人、项目经理等经验较丰富的人员，要对其他成员提供更详细、更经常、更及时的指导和监督并加强项目质量复核。

4. 在选择拟实施的进一步审计程序时融入更多的不可预见的因素。申报企业人员，尤其是管理层，如果熟悉注册会计师的审计套路，就可能采取种种规避手段，掩盖明细表中的舞弊行为。因此，在设计拟实施审计程序的性质、时间安排和范围时，为了避免既定思维对审计方案的限制，避免对审计效果的人为干涉，从而使得针对重大错报风险的进一步审计程序更加有效，注册会计师要考虑使某些程序不被申报企业管理层预见或事先了解。

5. 对拟实施审计程序的性质、时间安排或范围作出总体修改。

注册会计师评估的重大错报风险以及采取的总体应对措施，对拟实施进一步审计程序的总体审计方案具有重大影响。

拟实施进一步审计程序的总体审计方案包括实质性方案和综合性方案。其中，实质性方案是指注册会计师实施的进一步审计程序以实质性程序为主；综合性方案是指注册会计师在实施进一步审计程序时，将控制测试与实质性程序结合使用。当评估的研究开发费用结构明细表和高新技术产品（服务）收入明细表的重大错报风险属于高风险水平（并相应采取更强调审计程序不可预见性以及重视调整审计程序的性质、时间安排和范围等总体应对措施）时，拟实施进一步审计程序的总体方案往往更倾向于实质性方案。

针对高新技术企业认定专项审计报告中涉及的对研究开发费用和高新技术产品（服务）收入实施的进一步审计程序分别在第五章和第六章做详细说明。

在审计实践中，常见的风险应对底稿编制，参见示例 4 - 20。

示例4－20：进一步审计程序的总体审计方案如表4－22所示。

表4－22 **进一步审计程序的总体审计方案**

被审计单位：	索引号：	2090	页　　次：	
	编　　制：		编制日期：	
审计期间：	复　　核：		复核日期：	

重要的交易	所属年度	金额	识别的重大错报风险									拟实施的总体方案					具体审计程序索引号
			相关认定								是否涉及舞弊风险	工作底稿索引号	利用专家或其他人士工作	控制测试	实质性程序		
			完整性	存在/发生	准确性	截止	计价/分摊	权利/义务	分类/可理解性						分析测试	细节测试	

第五章

对研究开发费用实施的进一步审计程序

进一步审计程序相对于风险评估程序而言，是指注册会计师针对评估的各类交易账户余额和披露认定层次重大错报风险实施的审计程序，包括控制测试和实质性程序。注册会计师应当针对评估的认定层次重大错报风险设计和实施进一步审计程序，包括审计程序的性质、时间安排和范围。注册会计师设计和实施的进一步审计程序的性质，时间安排和范围，应当与评估的认定层次重大错报风险具备明确的对应关系。注册会计师实施审计程序应具有明确的目的性和针对性，有的放矢地配置审计资源，以提高审计效率和效果。

注册会计师应按照《中国注册会计师审计准则第 1231 号——针对评估的重大错报风险采取的应对措施》（2022 年 12 月 22 日修订）的要求，设计和实施进一步审计程序，包括审计程序的性质、时间安排和范围。

需要说明的是，尽管在应对评估的认定层次重大错报风险时，拟实施的进一步审计程序的性质、时间安排和范围都应当确保其具有针对性，但其中进一步审计程序的性质是最重要的。例如，注册会计师评估的重大错报风险越高，实施进一步审计程序的范围通常越大；但是只有首先确保进一步审计程序的性质与特定风险相关时，扩大审计程序的范围才是有效的。

一、控制测试

控制测试是用于评价内部控制在防止或发现并纠正研究开发费用结构明细表重大错报方面运行有效性的审计程序。控制测试程序是针对评估的重大错报风险采取进一步审计程序的应对措施之一。

（一）一般要求

当在评估认定层次重大错报风险时，预期控制的运行是有效的，或者实施实质性程序不足以提供认定层次充分、适当的审计证据时，注册会计师应当实施控制测试，以获取其运行有效的审计证据。注册会计师只对那些设计合理，能够防止、发现并纠正认定层次重大错报的内部控制进行测试以验证其运行是否有效。这种测试主要是出于成本效益的考虑。

需要说明的是，申报企业在所审计期间内可能由于技术更新或组织管理变更而更换信息系统，从而导致在不同时期使用不同的控制。如果申报企业在所审计期间内的不同时期使用了不同控制，注册会计师应当考虑不同时期控制运行的有效性。

1. 控制测试的性质

控制测试的性质是指控制测试所使用审计程序的类型及其组合，通常包括询问、观察、检查和重新执行。

注册会计师应当根据特定控制的性质选择所需实施审计程序的类型。注册会计师不仅应当考虑与认定直接相关的控制，而且还应当考虑这些控制所依赖的与认定间接相关的控制，以获取支持控制运行有效性的审计证据。

对于一项自动化的应用控制，由于信息技术处理过程的内在一贯性，注册会计师可以利用该项控制得以执行的审计证据和信息技术一般控制（特别是对系统变动的控制）运行有效性的审计证据，作为支持该项控制在相关期间运行有效性的重要审计证据。

如果通过实施实质性程序未发现某项认定存在错报，这本身并不能说明与该认定有关的控制是有效运行的；但如果通过实施实质性程序发现某项认定存在错报，注册会计师应当在评价相关控制的运行有效性时予以考虑。

2. 控制测试的时间

对特定时点的控制进行测试，注册会计师仅得到该时点控制运行有效性的审计证据；对某一期间的控制进行测试，注册会计师可获取控制在该期间有效运行的审计证据。

注册会计师对研究开发费用进行专项审计，需要获取研究开发费用内部控制在被审计期间运行有效的审计证据，并需要对被审计期间进行测试。

研究开发费用专项审计涉及三个完整的会计年度，如果注册会计师拟信赖内部控制，应对三个完整会计年度与研究开发费用相关的内部控制进行测试。

3. 控制测试的范围

注册会计师应当设计控制测试，以获取控制在整个拟信赖的期间有效运行的充分、适当的审计证据。注册会计师在确定控制测试范围时，一般应当考虑下列因素：

（1）在整个拟信赖的期间，申报企业执行控制的频率。控制执行的频率越高，控制测试的范围越大。

（2）在所审计期间，注册会计师拟信赖控制运行有效性的时间长度。拟信赖控制运行有效性的时间长度不同，在该时间长度内发生的控制活动次数也不同。注册会计师需要根据拟信赖控制的时间长度确定控制测试的范围。拟信赖期间越长，控制测试的范围越大。

（3）为证实控制能够防止或发现并纠正认定层次重大错报，所需获取审计证据的相关性和可靠性。对审计证据的相关性和可靠性要求越高，控制测试的范围越大。

（4）通过测试与认定相关的其他控制获取的审计证据的范围。针对同一认定，可能存在不同的控制。当针对其他控制获取审计证据的充分性和适当性较高时，测试该控制的范围可适当缩小。

（5）在风险评估时拟信赖控制运行有效性的程度，并依据对控制的信赖程度相应减少实质性程序。注册会计师在风险评估时对控制运行有效性的拟信赖程度越高，需要实施控制测试的范围越大。

（6）控制的预期偏差。预期偏差可以用控制未得到执行的预期次数占控制应当得到执行次数的比率加以衡量。控制的预期偏差率越高，需要实施控制测试的范围越大。如果控制的预期偏差率过高，针对某一认定实施控制测试可能是无效的。

4. 对自动化控制的测试范围的特别考虑

信息技术处理具有内在一贯性，除非系统（包括系统使用的表格、文档或其他永久性数据）发生变动，一项自动化信息处理控制应当一贯运行。对于一项自动化信息处理控制，一旦确定申报企业正在执行该控制，注册会计师通常无须扩大控制测试的范围，但需要考虑执行下列测试以确定该控制持续有运行：

（1）测试与该信息处理控制有关的信息技术一般控制的运行有效性；

（2）确定系统是否发生变动，如果发生变动，是否存在适当的系统变动控制；

（3）确定对交易的处理是否使用授权批准的软件版本。例如，注册会计师可以检查信息系统安全控制记录，以确定是否存在未经授权接触系统硬件和软件，以及系统是否发生变动。

（二）控制测试的程序

注册会计师对内部控制的测试应涵盖内部控制的五个要素。这里重点说明对研究开发费用相关的控制活动和信息系统的测试，其他要素的测试要求应当遵循《中国注册会计师审计准则第 1231 号——针对评估的重大错报风险采取的应对措施》（2022 年 12 月 22 日修订）。

下面以示例的形式说明针对申报企业研究开发业务的常用的控制测

试。需要注意的是，由于申报企业的情况千差万别，本书中的相关内部控制测试并不可能涵盖所有情况，在执行审计业务时，注册会计师应当结合申报企业实际情况，作出相应的调整和取舍。

1. 人工费用方面的控制测试程序

在研发费用的人工费用方面，申报企业的控制目标应当是：所有研发工资薪金均已入账，非研发人员的工资薪金不计入研发费用，研发工资薪金记录于正确的期间，避免记录重复的研发人员工资薪金和工资薪金在不同研究开发项目间正确分配。申报企业常用控制活动与注册会计师常用控制测试方法和程序如表 5 - 1 所示。

表 5 - 1 人工费用方面申报企业常用控制活动与注册会计师常用控制测试方法和程序

控制目标	申报企业控制活动	控制测试方法和程序	测试结论
所有研发工资薪金均已入账	员工的录用、辞退应经过研究开发项目相关负责人批准，员工名册的变更与经研究开发项目相关负责人批准的录用、辞退等支持性文件核对一致以确保员工的变动得到正确记录	检查员工的变更是否与录用、辞退等支持性文件一致	
	对员工变更单进行连续编号，以确保所有变更都已处理	检查员工的录用、辞退记录单据是否连续编号	
	将计入研究开发费用的工时数与考勤记录的工时数调节相符	检查内部调节及审核的标记	
非研发人员的工资薪金不计入研发费用	研究开发项目管理部门统计工时，负责工资计算的部门依据研究开发项目管理部门统计的工时和规定的工资标准制作工资表	检查工时统计是否由研究开发项目管理部门统计、检查工资计算标准是否符合规定	

续表

控制目标	申报企业控制活动	控制测试方法和程序	测试结论
研发工资薪金记录于正确的期间	研发人员的工资表经过研究开发项目有关负责人签署后报财务部门发放工资，会计人员依据研究开发项目有关负责人签署后的工资表记录工资费用	检查研发人员的工资表是否经过研究开发项目有关负责人签署后报财务部门发放工资，会计人员是否依据研究开发项目有关负责人签署后的工资表记录工资费用	
	每月的××日前，研究开发项目有关负责人应签署上月研发人员的工资，××日前，会计人员依据研究开发项目有关负责人签署后的工资表记录工资费用	检查研究开发项目有关负责人是否在每月的××日前签署上月的研发人员工资表，会计人员记录的工资费用是否在每月的××日前完成	
避免记录重复的研发人员工资薪金	人事部门对工资表进行复核	检查人事部门是否每月复核工资表	
工资薪金在不同研究开发项目间正确分配	财务部门依据各研究开发项目的工时统计计算各项目的工资费用	检查财务部门是否依据各研究开发项目的工时统计计算各项目的工资费用	

2. 材料、工装准备的控制测试程序

在研发费用的材料、工装准备方面，申报企业的控制目标应当是：所有的研发材料费用均已入账，研发材料费用记录于正确的期间，避免记录重复的研发活动材料费用，非研发活动的原材料费用不计入研发费用，非研发活动的工装准备支出不计入研发费用，材料费用在不同研究开发项目间正确分配和研发活动工装准备费用在不同研究开发项目间正确分配。申报企业常用控制活动与注册会计师常用控制测试方法和程序如表5－2所示。

表 5 – 2　　材料、工装准备方面申报企业常用控制活动与注册会计师常用控制测试方法和程序

控制目标	申报企业控制活动	控制测试方法和程序	测试结论
所有的研发材料费用均已入账	研发部门对领料单进行连续编号	检查领料单是否连续编号	
研发材料费用记录于正确的期间	财务部门在每月的月底处理完所有的研究开发项目的领料单、出库单	执行领料单、出库单的截止测试	
避免记录重复的研发活动材料费用	财务部门和研发部门每月核对领料情况	检查财务部门和研发部门是否每月核对记录	
非研发活动的原材料费用不计入研发费用	财务部门作为研发费用记账依据的原材料领用单必须经过研发部门有关负责人签署	检查研发费用的原材料领用单等单据是否经过研发部门有关负责人签署	
非研发活动的工装准备支出不计入研发费用	财务部门作为研发费用记账依据的工装准备支出单据必须经过研发部门有关负责人签署	检查作为研发费用记账依据的工装准备支出单据是否经过研发部门有关负责人签署	
材料费用在不同研究开发项目间正确分配	财务部门依据各研究开发项目的领料单计算各项目的材料费用	检查财务部门是否依据各研究开发项目的领料单计算各项目的材料费用	
研发活动工装准备费用在不同研究开发项目间正确分配	财务部门依据各研究开发项目的工装准备费用单据计算各项目的工装准备费用	检查财务部门是否依据各研究开发项目的工装准备费用单据计算各项目的工装准备费用	

3. 长期资产摊销的控制测试程序

在研发费用的长期资产摊销方面，申报企业的控制目标应当是：非研发活动的长期资产摊销不计入研发费用，研发活动相关长期资产的摊销计算正确，长期资产摊销费用在不同研究开发项目间正确分配。申报企业常用控制活动与注册会计师常用控制测试方法和程序如表 5 – 3 所示。

表 5 – 3　　长期资产摊销方面申报企业常用控制活动与注册会计师常用控制测试方法和程序

控制目标	申报企业控制活动	控制测试方法和程序	测试结论
非研发活动的长期资产摊销不计入研发费用	研发活动所需的长期资产的购置必须经过研究开发项目相关负责人批准	检查研发活动所需的长期资产的购置是否经过研究开发项目相关负责人批准	
	经过研发部门相关负责人批准购置的长期资产的摊销费用才能计入研发费用	检查计入研发费用的长期资产的摊销费用是否限于研发活动的长期资产的摊销	
研发活动相关长期资产的摊销计算正确	摊销的会计政策经过申报企业的董事会批准，会计部门执行经过批准的会计政策	检查会计部门执行的长期资产摊销的会计政策是否经过董事会批准	
长期资产摊销费用在不同研究开发项目间正确分配	长期资产摊销费用在不同研究开发项目之间按照机器工时或其他合理标准分配，各研究开发项目的机器工时或其他标准统计单据须经过研发部门相关负责人签署	检查财务部门是否依据各研究开发项目的机器工时或其他标准统计单据分配长期资产摊销费用，机器工时或其他标准统计单据是否经过研发部门相关负责人签署	

4. 外包的控制测试程序

在研发费用涉及外包方面，申报企业的控制目标应当是：非研发活动的外包支出不计入研发费用，委托境外的外部研发投入不计入境内的外部研发支出，外包费用计入正确的项目，非研发活动的外包支出不计入研发费用。申报企业常用控制活动与注册会计师常用控制测试方法和程序如表 5 – 4 所示。

表 5－4　　研发费用外包方面申报企业常用控制活动与注册会计师常用控制测试方法和程序

控制目标	申报企业控制活动	控制测试方法和程序	测试结论
非研发活动的外包支出不计入研发费用	所有研发活动的外包合同必须经过研究开发项目负责人签署。财务部门依据经过签署的研发活动外包合同和对方提供的有效付款凭证，以及表明经过研究开发项目负责人签署的外包研发活动进展情况的验收确认单据付款，会计人员核对合同和付款单据后记账	检查外包合同是否经过研究开发项目负责人签署；检查账务处理是否与付款单据、合同一致	
委托境外的外部研发投入不计入境内的外部研发支出	研发机构对委托境外的外部研发投入和境内的外部研发支出在费用单据上进行标注，并经相关负责人审批。	检查委托境外的外部研发投入和境内的外部研发支出在费用单据上是否分别标注，并经相关负责人审批	
	财务部门对委托境外的外部研发投入和境内的外部研发支出分别账户核算	检查财务部门是否依据研发部门的不同标注记入不同账户	
外包费用计入正确的项目	所有的外包支付申请必须说明外包所属的研究开发项目名称、项目编号。财务部门依据研究开发项目名称、项目编号将外包费用计入相应的研究开发项目	检查费用记录与外包支付申请的研究开发项目名称、项目编号是否一致	

5. 预算的控制测试程序

在研发费用预算方面，申报企业的控制目标应当是：研发费用预算的合理性和研发费用预算得到执行。申报企业常用控制活动与注册会计师常用控制测试方法和程序如表 5 - 5 所示。

表 5 - 5 研发费用预算方面申报企业常用控制活动与注册会计师常用控制测试方法和程序

控制目标	申报企业控制活动	控制测试方法和程序	测试结论
研发费用预算的合理性	研究开发项目小组编制预算，董事会审批预算	检查研发费用预算是否经过董事会审批	
研发费用预算得到执行	财务部门每月分析研发费用的实际发生额同预算的差异，分析报告经财务经理签署后报总经理	检查财务部门是否每月分析研发费用的实际发生额同预算的差异	

二、实质性程序

《中国注册会计师审计准则第 1231 号——针对评估的重大错报风险采取的应对措施》（2022 年 12 月 22 日修订）明确规定，实质性程序包括下列两类程序：（1）对各类交易、账户余额和披露的细节测试；（2）实质性分析程序。无论评估的重大错报风险结果如何，注册会计师都应当针对所有重大类别的交易、账户余额和披露，设计和实施实质性程序。

（一）一般要求

实质性程序是指注册会计师针对评估的重大错报风险实施的直接用以发现认定层次重大错报的审计程序。

1. 实质性程序的性质

实质性程序的性质是指实质性程序的类型及其组合。实质性程序的基本类型包括细节测试和实质性分析程序。

2. 实质性程序的时间

在申报企业研究开发费用专项审计中，通常不存在对期中审计证据和对以前审计获取的审计证据的考虑，因而应当在本次专项审计中实施实质性程序。

3. 实质性程序的范围

在确定实质性程序的范围时，注册会计师应当考虑评估的认定层次重大错报风险和实施控制测试的结果。注册会计师评估的认定层次的重大错报风险越高，需要实施实质性程序的范围越广；如果对控制测试结果不满意，注册会计师应当考虑扩大实质性程序的范围。

在设计细节测试时，注册会计师应当采用适当方法（包括选取全部项目、选取特定项目和审计抽样等）以选取测试项目，其中，在确定样本规模时，应当考虑能否将抽样风险降至可接受的低水平。

（二）审计目标和实质性程序

1. 审计目标与认定的对应关系

研究开发费用专项审计的对象是申报企业编制的研究开发费用结构明细表，其审计目标与研究开发费用结构明细表认定的对应关系如下：

（1）发生。研究开发费用结构明细表中记录的研究开发费用，包括人员人工、直接投入、折旧费用与长期待摊费用摊销、设计费用、装备调试费用与试验费用、无形资产摊销、委托外部研究开发费用、其他费用等，在所审计会计期间已发生且与申报企业及研究开发项目有关。

（2）完整性。所有应当记录的研究开发费用均已记录。

（3）准确性。与研究开发费用有关的金额及其他数据已恰当记录。

（4）截止。研究开发费用已记录于正确的会计期间。

（5）分类。研究开发费用已记录于恰当的账户。

（6）列报和披露。研究开发费用已按照《高新技术企业认定管理工作指引》的规定恰当地列报和披露。

2. 实质性程序

申报企业进行研究开发活动需要发生费用，在按照适用的会计准则和相关会计制度的规定进行会计核算时，这些费用或列为费用而计入当期损益，或予以资本化而形成资产。基于专项审计的目的，注册会计师审计时应当重点关注研究开发费用结构明细表中列报的研究开发项目、研究开发费用是否符合《高新技术企业认定管理工作指引》的相关规定，申报企业是否存在将其他费用列报为研究开发费用的错报风险。研究开发费用专项审计常用的实质性程序如下：

（1）获取研究开发费用结构明细表，复核加计是否正确。

（2）检查研究开发费用结构明细表中列报的研究开发项目是否符合《高新技术企业认定管理工作指引》的相关规定，包括：

①获取申报企业按单一项目填报的企业研究开发项目情况表，并取得各研究开发项目的有关立项批复，如董事会或类似权力机构的决议、政府有关主管部门的立项计划或批复等；

②取得各项研究开发项目的实施方案、阶段性报告或工作总结、验收报告或政府有关主管部门的批复等；

③关注各项研究开发项目是否属于常规性升级或对某项科研成果的直接应用，必要时，利用专家的工作。

（3）根据实际情况，实施下列实质性分析程序：

①将各项研究开发项目的研究开发费用项目（科目）进行结构性分析，判断其合理性，作出相应记录；

②将各项研究开发项目的研究开发费用的实际金额与预算金额进行比较，并记录产生差异的原因。

（4）检查研究开发费用项目（科目）的分类、各项目（科目）归集范围和核算内容是否符合《高新技术企业认定管理工作指引》的相关规定，若存在费用分类错误，提请申报企业调整。

（5）人员人工：

①获取申报企业编制的研究开发人数统计表和申报企业缴纳职工“五险一金”的相关资料，检查两者之间是否相符，必要时，抽查劳动合同；

②检查研究开发人数统计表中研发人员的认定是否符合《高新技术企业认定管理工作指引》的相关规定；

③对各研究开发项目企业研究开发项目情况表中的本项目研发人员数进行汇总，将汇总数与研究开发人数统计表中的合计数核对，并记录产生差异的原因；

④检查工资发放记录、奖金核准及发放记录，核实人员人工中的基本工资、津贴、补贴等以及奖金、年终加薪与相关记录是否相符；

⑤检查管理层相关决议及相关支付记录，核实与研发人员任职或者受雇有关的其他支出（包括股份支付，同时取得股东会决议及监管部门批复）与相关资料是否相符；

⑥检查是否存在将非研发人员工资薪金列入研究开发费用的情况，若有，提请申报企业调整；

⑦若存在人工相关费用在各项研究开发项目之间的分摊，检查分摊方法是否合理且前后各期是否保持一致。

（6）直接投入：

①检查开支范围是否符合《高新技术企业认定管理工作指引》的相关规定；

②检查为实施研究开发项目而购买的原材料等相关支出，例如，水和燃料（包括煤气和电）使用费等，用于中间试验和产品试制达不到固定资产标准的模具、样品、样机及一般测试手段购置费、试制产品的检验费等，以及用于研究开发活动的仪器设备的简单维护费，核实其是否与相关原始凭证相符；

③对以经营租赁方式租入的固定资产所发生的租赁费，检查相关合同或协议、付款记录；

④检查是否存在将为实施研究开发项目以外的项目而发生的采购费用、水电费、租赁费等列入直接投入的情形，若有，提请申报企业调整；

⑤检查是否存在将达到固定资产、无形资产确认标准的支出一次性计入直接投入的情形，如不符合规定，提请申报企业调整。

（7）折旧费用与长期待摊费用摊销：

①检查是否属于为执行研究开发活动而购置的仪器和设备或研究开发

项目在用建筑物的折旧费用；

②检查固定资产折旧计提、长期待摊费用摊销所采用的会计政策、会计估计是否与财务报表所采用的一致，且前后各期是否保持一致，折旧或摊销的计算是否正确；

③对于研究开发项目和非研究开发项目共用的资产，检查折旧或摊销的分配方法是否合理，且前后各期是否保持一致，分配的金额是否正确。

（8）无形资产摊销：

①检查是否属于因研究开发活动需要而购入的专利、非专利发明、许可证、专有技术、设计和计算方法等所发生的费用摊销；

②取得相关无形资产初始购置时的协议或合同、发票、付款凭证等，检查无形资产原值的确认是否正确；

③检查无形资产摊销的政策是否正确，且前后各期是否保持一致，摊销的金额是否正确；

④检查是否存在列入与研究开发项目无关的其他无形资产摊销的情形，若有，提请申报企业调整。

（9）设计费用：

①检查是否为新产品和新工艺的构思、开发和制造，进行工序、技术规范、操作特性方面的设计等所发生的费用；

②检查设计费用的核准、支付是否符合内部管理办法的规定，是否与原始凭证相符；

③检查是否存在列入与研究开发项目无关的设计费的情形，若有，提请申报企业调整。

（10）装备调试费用与试验费用：

①检查是否属于工装准备过程中研究开发活动（如研制生产机器、模具和工具，改变生产和质量控制程序，或制定新方法及标准等）所发生的费用；

②检查是否属于新药研制的临床试验、勘探开发技术的现场试验、田间试验等所发生的费用；

③检查相关费用的核准、支付是否符合内部管理办法的规定，是否与原始凭证相符；

④检查是否存在列入为大规模批量化和商业化生产所进行的常规性工装准备及工业工程发生的费用的情形，若有，提请申报企业调整。

（11）其他费用：

①检查是否属于为研究开发活动所发生的其他费用，包括技术图书资料费、资料翻译费、专家咨询费、高新科技研发保险费，研发成果的检索、论证、评审、鉴定、验收费用，知识产权的申请费、注册费、代理费，会议费、差旅费、通信费等。

②检查相关费用的核准、支付是否符合内部管理办法的规定，是否与原始凭证相符；

③检查是否存在列入与研究开发项目无关的其他费用的情形，若有，提请申报企业调整；

④若存在其他费用在研究开发项目与其他项目之间分摊的情形，检查分摊方法是否合理，且前后各期是否保持一致，分摊的金额是否正确；

⑤检查列报的其他费用是否超过研究开发费用总额的20%，若超过20%，提请申报企业调整；

（12）委托外部研究开发费用：

①检查是否属于申报企业委托境内其他企业、大学、研究机构、转制院所、技术专业服务机构和境外机构进行研究开发活动所发生的费用，关注项目成果是否为申报企业拥有且与申报企业的主要经营业务紧密相关；

②检查委托外部研究开发费用的定价是否按照非关联方交易的原则确定；

③取得相关协议或合同、付款记录，检查其是否与账面记录相符；

④检查是否存在列入研究开发项目以外的其他委托外部支出的情形，若有，提请申报企业调整；

⑤检查研究开发项目中委托外部研究开发的投入额是否按80%计入研究开发费用总额，若超过80%，提请申报企业调整；

⑥检查是否存在列入委托境外机构完成研究开发活动所发生的费用的情形，若有，提请申报企业调整。

（13）选择重要或异常的研究开发费用，检查费用的开支标准是否符合申报企业的相关规定，原始凭证是否合法，金额计算和会计处理是否正确。

（14）检查是否存在向关联方支付研究开发费用的情形，若有，应关注计价是否公允，原始凭证是否合法，会计处理是否正确。

（15）抽取会计年度终了日前、后若干天的记账凭证，实施截止测试，若存在异常迹象，考虑是否有必要追加审计程序，对于重大跨期项目，提请申报企业调整。

（16）检查研究开发费用的列报与披露是否恰当。

3. 研究开发费用总额占销售收入总额比例的复核

根据《高新技术企业认定管理办法》的规定，高新技术企业认定必须满足最近三个会计年度研究开发费用总额占销售收入总额一定比例的要求，具体要求如下：

（1）最近一年销售收入小于 5 000 万元的企业，比例不低于 5%；

（2）最近一年销售收入在 5 000 万元至 20 000 万元的企业，比例不低于 4%；

（3）最近一年销售收入在 20 000 万元以上的企业，比例不低于 3%。

其中，企业在中国境内发生的研究开发费用总额占全部研究开发费用总额的比例不低于 60%。

结合审定的研究开发费用，复核研究开发费用总额占销售收入总额比例的常用程序如下：

（1）获取经具有资质的会计师事务所审计的申报企业最近三个会计年度的财务报表及申报企业最近三个会计年度的企业所得税年度纳税申报表。

（2）复算加计最近三个会计年度的销售收入。按照《高新技术企业认定申请书》填报说明，销售收入为主营业务收入与其他业务收入之和。

主营业务收入与其他业务收入按照企业所得税年度纳税申报表的口径计算。

(3) 复算加计最近三个会计年度的研究开发费用。

(4) 复算研究开发费用总额占销售收入总额的比例，与申报企业计算的结果核对是否一致。

(5) 复算在中国境内发生的研究开发费用总额占全部研究开发费用总额的比例，与申报企业计算的结果核对是否一致。

(三) 实务中研究开发费用专项审计应当注意的事项

1. 如何恰当判断被审计单位申报的研发项目是否符合《高新技术企业认定管理工作指引》规定

《高新技术企业认定管理工作指引》规定，研究开发活动是指为获得科学与技术（不包括社会科学、艺术或人文学）新知识，创造性运用科学技术新知识，或实质性改进技术、产品（服务）、工艺而持续进行的具有明确目标的活动。不包括企业对产品（服务）的常规性升级或对某项科研成果直接应用等活动（如直接采用新的材料、装置、产品、服务、工艺或知识等）。

承办高新技术企业认定专项审计时，判断企业所申报的研发项目是否为符合《高新技术企业认定管理工作指引》规定的研究开发活动，注册会计师应根据申报企业提供的近三个会计年度企业研究开发活动情况表（按单一活动填报）及其佐证资料（包括科研项目立项证明、实施情况、核心技术、创新点及其科研成果），以及询问研发项目管理层及相关企业研发人员获取的相关情况，可选择采用《高新技术企业认定管理工作指引》规定的行业标准判断法、专家判断法、目标或结果判定法，对申报企业立项实施的研发项目目标核心技术，是否属于《国家重点支持的高新技术领域》（以下简称《技术领域》）范围，研发成功后获取的科研成果（新技术或新知识）是否属于创造性运用科学技术新知识或实质性改进技术、产品（服务）、工艺的活动成果进行职业判断，必要时可借助技术专家的判断。

此外，也可以从研发活动的要点和内涵进行判断，具体如表 5 – 6 所示。

表 5 – 6　　研发活动判断的要点和内涵

要点		内涵
1	有明确创新目标	研发活动一般具有明确的创新目标，如获得新知识、新技术、新工艺、新材料、新产品、新标准等。 可通过以下问题予以明确。例如，该活动是否要探索以前未发现的现象、结构或关系？是否在一定范围要突破现有的技术瓶颈？研发成果是否不可预期？如果回答为“是”，则说明该活动具有明确的创新目标
2	有系统组织形式	研发活动以项目、课题等方式组织进行，围绕具体目标，有较为确定的人、财、物等支持，经过立项、实施、结题的组织过程，因此是有边界的和可度量的
3	研发结果不确定	研发活动的结果是不能完全事先预期的，必须经过反复不断的试验、测试，具有较大的不确定性，存在失败的可能

注册会计师应依据上述职业判断结果，对被审计单位申报的研发项目的合规性作出审计结论。

2. 研究开发费用专项审计应关注的重点

（1）可能的舞弊动机。申报企业的管理层可能存在为享受税收优惠而申请高新技术企业资格的动机，高新技术研究开发费用支出可能存在重大错报风险（尤其是高估风险），注册会计师应当假定申报企业的高新技术研究开发费用支出存在舞弊风险。

（2）费用的真实性。关注申报企业研究开发费用结构明细表中列报的研究开发项目是否符合《高新技术企业认定管理工作指引》的相关规定。例如，大型复杂的研究开发项目可能涉及多个分支机构与部门，注册会计师应当重点考虑研究开发费用的发生是否真实。

3. 研究开发费用专项审计舞弊的考虑

（1）审计难点。对企业为享受税收优惠而带来的舞弊风险，注册会计师在执行高新技术企业认定专项审计业务时，应当实施风险评估程序，运用职业判断，确定识别和评估的风险中，哪些是涉及“研究开发费用结构明细表”需要特别考虑的重大错报风险。

（2）应对措施。风险评估程序本身并不足以为发表审计意见提供充分、适当的审计证据，注册会计师还应当在实施风险评估程序的基础上，设计和实施包括控制测试（必要时或决定测试时）和实质性程序的进一步审计程序。注册会计师在专项审计的各个流程中，应当遵循风险导向审计的原则，保持应有的职业谨慎，切实到位地执行审计程序，防范重大审计失败。

4. 人员人工的审计难点和应对措施

（1）审计难点。对人员人工的审核，关键是对研发人员[①]的范围认定和费用金额的归集。如果参与研究开发的人员不是专职从事研究开发项目或同时参与多个研究开发项目，其薪酬如何分摊入研究开发项目、如何在不同研究开发项目间分摊就成为审核的重点和难点。例如，部分申报企业特别是中小型企业的管理层，在对整个企业的生产、经营进行管理的同时，往往也参与研究开发工作，如何将其薪酬计入研究开发活动没有明确规定；有些研究开发项目的研究开发活动涉及多个部门，甚至多个企业，在这种情况下人员人工的归集和分配也比较困难；有不少申报企业为了达到增加研究开发费用总额的目的，将研究开发项目立项书中未列示的管理人员（包括业主）、生产人员的薪酬计入研究开发人员人工。

（2）应对措施：

①重点检查应付工资、管理费用明细账，全年各月份工资表，全年个人所得税申报表，劳动合同、教育背景（必要时通过检查学历证明，以确定研发人员是否具备相关专业背景）、工作经验和参加社会保险等资料，结合研究开发部门人员名单，确定研发人员的工资费用是否真实，计算是否准确。

---

① 研发人员是指从事研究开发项目的专业人员，主要包括研究人员、技术人员和辅助人员。

②对受雇的研发人员，需取得累计实际工作时间在 183 天以上的证据。

③对企业存在多个研究开发项目的，按实际参与的项目进行归集。若研发人员同时参与两个或两个以上项目，应按统计的工作量进行分摊。如申报企业因不能准确地对工作量进行统计而常采用其他方法进行分摊，应检查其分摊的合理性。

5. 直接投入的审计难点和应对措施

（1）审计难点。《高新技术企业认定管理工作指引》中较明确地规定了直接投入的开支范围，但企业实际发生的研发费中的材料费品种繁多，部分领料单上也未写明具体用于什么研究开发项目，因此直接投入的认定和分配缺乏可靠的依据。此外，很多申报企业特别是中小型企业以前年度并没有独立设置“研发费用”科目，发生的研发费分别记载于不同的会计科目，如“生产成本”“管理费用”“其他业务成本”“在建工程”“专项应付款”等，而不同会计科目之间又不存在对申报明细表而言的勾稽关系。因此，申报企业将非研发材料成本计入研发直接投入中的人为操作空间很大。

由于注册会计师没有相关的专业背景，对判断企业申报领用的材料是否真正用于研究开发项目难度很大。在直接投入材料的认定上，需要更多利用相关专家的工作，如何利用好专家的工作对注册会计师的职业判断提出了更高的要求。

（2）应对措施：

①对于日常生产领用材料和研究开发领用材料的区分，除通过重点检查管理费用、原材料明细账，原材料购入、发出、结存明细表，相关费用分配表等外，审计人员还可以考虑进行如下分析判断：

第一，总量领用的合理性判断；

第二，研究开发材料领用的月均波动情况是否合理；

第三，领用材料与研究开发项目的相关性判断，必要时可以考虑利用外部专家工作。如聘请行业专家，对研究开发项目有关直接投入的品种、数量、质量等因素的合理性、相关性进行评价；

第四，重点对研究开发材料所形成的实物成果进行盘点及残次品的销售进行综合判断。如电缆生产企业研究开发项目领用的铜等重要材料，在考虑残次品销售的前提下，需要对期末实物库存的合理性进行判断。

②对于直接购入的能源、材料等，需要通过检查购入发票、运输单据、入库单、领料单等确认其真实性，并聘请相关行业专家，确定购入的能源、材料等与研究开发项目的相关性。

③对动力费用、共同使用的模具、样品、样机及一般测试手段购置费等，可以采用工作量等合理的方法，分摊计入各研究开发项目成本。

6. 固定资产折旧与长期待摊费用摊销的审计难点和应对措施

（1）审计难点。固定资产折旧是指为开展研究开发活动购置的仪器和设备以及研究开发项目在用建筑物等的折旧费用；长期待摊费用摊销包括研究开发设施改建、改装、装修和修理过程中发生的长期待摊费用。

如何认定固定资产或长期待摊费用是否为研究开发活动所用，是注册会计师审核工作的重点之一。大部分企业不能严格区分生产用和研究开发用固定资产，同一件设备或建筑物不仅用于生产，也用于研究开发活动。对于非专门为研究开发购置的固定资产，折旧的计算标准以及在各研究开发项目间的分配，是注册会计师分析判断的难点。

（2）应对措施：

①重点检查固定资产明细账、长期待摊费用明细账；检查申报企业年度新增固定资产及长期待摊费用的发票、固定资产的申购单、入库单、验收单；实地查看该部分设备，核对资产用途（检查使用说明书等），确定其是否真实存在，是否用于研究开发项目。

②结合固定资产盘点，核对与研究开发活动相关的固定资产是否账实相符；检查购入时已计入研究开发费用的固定资产是否单独管理，是否存在重复计提折旧的情况。

③复核各项折旧、摊销的准确性及相关性，关注前后各期折旧政策及方法的一致性：

第一，检查是否属于为执行研究开发活动而购置的仪器和设备或研究开发项目在用建筑物的折旧费用；

第二，检查固定资产折旧计提、长期待摊费用摊销所采用的会计政策、会计估计是否与财务报表所采用的一致，且前后各期是否保持一致，折旧或摊销的计算是否正确；

第三，对于研究开发项目和非研究开发项目共用的资产，检查折旧或摊销的分配方法是否合理，且前后各期是否保持一致，分配的金额是否正确。

④对属于多个项目使用的，检查分摊方法是否合理，且前后各期是否保持一致，分摊的金额是否正确。

7. 设计费用的审计难点和应对措施

（1）审计难点。设计费用是指为新产品和新工艺的构思、开发和制造，进行工序、技术规范、操作特性方面的设计等发生的费用。部分申报企业由于设立的研究开发机构较简单、研究开发人员力量薄弱，经常会将一些新产品或新工艺的设计外包，且不少企业并未与外包单位签订相应的合同，或者签订的合同还包括了申报研究开发项目以外的其他项目的设计费用，从而较难确定设计费用的合理性，且外包性质的设计费用容易与委托外部研究开发费用混淆。

（2）应对措施：

①重点检查管理费用——研究开发费用明细账，检查设计费用支出的发票、付款申请审批单据，确认设计费用发生的合理性、真实性及准确性。

②对于外包设计费，应重点检查合同、协议、付款凭证、发票，并分析合同、协议的实质性内容，判断是否属于为新产品、新工艺的开发进行的技术规范和操作方面的设计而发生的费用；若合同或协议实质表明，外包内容系委托外部开发机构进行实质性改进技术、产品和服务活动，且与企业的主要经营业务紧密相关，则应归属于委托外部研究费用，应要求被审计单位据实调整并列报。

③注册会计师应走访被审计单位的设计、研究开发部门，或向外包单

位进行函证确认，以正确区分外包设计费和外包研究开发费，必要时，应考虑利用专家工作。

8. 无形资产摊销的审计难点和应对措施

（1）审计难点。无形资产摊销是指因研究开发活动需要购入的专有技术所发生的费用摊销。包括专利、非专利发明、许可证、专有技术、设计和计算方法等。申报企业购入的无形资产，有时既用于生产经营，又用于研究开发活动，无形资产是否与研发项目相关，如何分摊计入研究开发费用很难把握。

（2）应对措施：

①检查是否属于因研究开发活动需要而购入的专利、非专利发明、许可证、专有技术、设计和计算方法等所发生的费用摊销。可以通过对项目立项、专家评定等技术资料的分析，判断其相关性；当影响重大时，需要考虑借助其他行业专家的工作。

②取得无形资产初始购置时的协议或合同、发票、付款凭证等，检查无形资产原值的确认是否正确；检查摊销政策是否正确，且前后各期保持一致，计算检查摊销的金额是否正确。

9. 申报企业近三个会计年度实际发生的作为资本化核算的研究开发费用，是否属于高新技术企业认定研究开发费用归集范围

根据《高新技术企业认定管理工作指引》对申报企业近三个会计年度开展研究开发活动发生的研究开发费用归集核算政策规定，会计核算方式不是界定是否属于高新技术企业认定研究开发费用归集范围的判断标准；只要申报企业近三个会计年度内发生的研究开发费用，其对应的研究开发项目及其研究开发费用支出，符合《高新技术企业认定管理工作指引》规定的研究开发活动定义和研究开发费用归集范围，不论是作为资本化核算的，还是作为费用化核算的，都属于申报企业近三个会计年度高新技术企业认定研究开发费用归集范围。

10. 如何正确区分企业内外部研究开发费用

根据《高新技术企业认定管理工作指引》规定，在“企业年度研究开

发费用结构明细表”规定格式中，将企业年度研究开发费用区分为内部研究开发费用和委托外部研究开发费用两部分反映。企业内部研究开发费用，是指企业依靠自己的人力和物力开展研究开发活动而实际发生的研究开发费用；而企业委托外部研究开发费用，是指企业委托境内外其他机构或个人进行研究开发活动所发生的费用（研究开发活动成果为委托方企业拥有，且与该企业的主要经营业务紧密相关）；企业内外部研究开发费用区分的界限在于，组织并投入人力、物力开展研究开发活动的主体是谁。企业依赖自身人力与物力开展的研究开发活动而发生的研究开发费用，属于企业内部研究开发费用；利用企业外部单位或个人的科研能力及其人力与物力，由企业委托外部的境内外其他机构或个人进行研究开发活动并获取科研成果而发生的费用，属于企业委托外部研究开发费用。

判断企业在开展研究开发活动中支付的费用是归属内部研究开发费用还是归属委托外部研究开发费用，根据上述企业内外部研究开发费用区分界定原则处理。

11. 企业在开展研究开发活动中，因技术研发需要，利用企业生产部门的人力与物力进行相关技术攻关活动，发生相应的料、工、费，是否可计入相关研发项目研究开发费用

在企业开展的研究开发活动符合《高新技术企业认定管理工作指引》研究开发活动定义的前提下，因该研发项目技术攻关需要，如中试、试制新产品等，企业生产部门协同参与技术研究开发活动而发生的料、工、费，按企业相关管理规定，企业技术研发职能部门应会同生产部门以及财务部门等相关职能部门及时做好必要记录，在书面记录中明确研发项目名称、企业生产部门协同研发事由、利用生产部门人力与物力研发情况（包括成果）、实际发生费用构成及依据等，并附经费支出计算证明资料，做到生产成本费用与研发项目研发费用的合理区分。这些因技术研发需要而在生产部门开展研发活动实际发生的料、工、费，应计入同期对应研发项目研究开发费用。

另外，企业因技术研发需要，利用企业内部设计部门、质量检测部门等职能部门的人力与物力，协同参与相关研发项目研究开发活动而发生的料、工、费，计入相关研发项目研究开发费用，但应参照上述企业生产部门参与技术研发活动而发生的费用处理原则，及时办理相关认定手续，形成书面记录，并附相关资料，作为入账的原始依据。

12.《企业会计准则解释第15号》规定，研发过程中产出的产品或副产品对外销售（以下简称“试运行销售”），不应将试运行销售相关收入抵销相关成本后的净额冲减研发支出，高新企业认定专项审计工作中对该规定的把握原则如下：

只要申报企业近三个会计年度实际发生的开发新产品活动，符合《高新技术企业认定管理工作指引》规定的研究开发活动定义，且该开发新产品活动发生的料、工、费属于《高新技术企业认定管理工作指引》规定的研究开发费用归集范围，不论申报企业该开发新产品活动是否成功，均属于申报企业近三个会计年度高新技术企业认定的研究开发费用归集范围。

企业研发过程中产出的产品、副产品进行会计处理时，依据财政部《关于印发〈企业会计准则解释第15号〉的通知》（财会〔2021〕35号）有关规定执行；构成产品、副产品等有形资产的成本，从“研发费用”科目中转出，不应理解为冲减会计期间研发费用投入，即不减少高新企业认定时的研发费用。

企业年度研究开发费用总额，为企业年度费用化核算的研发费用与资本化核算的研发费用之和。高新技术企业认定专项审计报告应在编制说明中予以披露。

（四）研究开发费用实质性程序工作底稿的编制

在审计实践中，研究开发费用实质性程序的底稿编制主要包括以下内容：

1. 研究开发费用审计程序表，详见示例5－1。

示例5－1：研究开发费用审计程序表如表5－7所示。

表 5-7 研究开发费用审计程序表

被审计单位：	索引号：	3010	页　次：		
	编　制：		编制日期：		
审计期间：	复　核：		复核日期：		

一、审计目标与认定对应关系表

项　目	财务报表认定					
	发生	完整性	准确性	截止	分类	列报和披露
1. 企业年度研究开发费用结构明细表中记录的研究开发费用在会计期间已发生，且与被审计单位有关	√					
2. 所有应当记录的研究开发费用均已记录		√				
3. 与研究开发费用有关的金额及其他数据已恰当记录			√			
4. 研究开发费用已记录于正确的会计期间				√		
5. 研究开发费用已记录于恰当的账户					√	
6. 研究开发费用已按照《高新技术企业认定管理工作指引》的规定恰当地列报和披露						√

二、审计程序

序号	计划实施的审计程序	执行人	财务报表认定					
			发生	完整性	准确性	截止	分类	列报和披露
1	获取或编制企业年度研究开发费用结构明细表，复核加计是否正确							
2	检查企业年度研究开发费用结构明细表中列报的研发项目是否符合《高新技术企业认定管理工作指引》的有关规定，包括：							

续表

序号	计划实施的审计程序	执行人	财务报表认定					
			发生	完整性	准确性	截止	分类	列报和披露
2	（1）获取被审计单位按单一项目填报的“企业研究开发活动情况表”，并取得各研究开发项目的董事会或类似权力机构的决议、政府有关主管部门的立项计划或批复等； （2）取得各项研究开发项目的有关实施方案、阶段性报告或工作总结、验收报告或政府有关主管部门的批复等； （3）关注各项研究开发项目是否属于常规性升级或对某项科研成果的直接应用，必要时，利用专家的工作							
3	根据实际情况，实施以下实质性分析程序： （1）对各项目研究开发费用中费用科目进行结构性分析，分析其合理性，做出相应记录； （2）将各项目研究开发费用的实际金额与预算金额进行比较，并记录差异的原因； （3）将各年度研究开发费用发生额与被审计单位各年度“研发支出”科目费用化支出发生额及“管理费用”科目中的资本化资产摊销发生额合计数进行比较，检查是否有重复列报研究开发费用的情况							

续表

序号	计划实施的审计程序	执行人	财务报表认定					
			发生	完整性	准确性	截止	分类	列报和披露
4	检查研究开发费用的费用科目的分类是否符合《高新技术企业认定管理工作指引》的规定，各科目归集范围和核算内容是否符合《高新技术企业认定管理工作指引》的有关规定，若存在费用分类错误，提请被审计单位调整							
5	选择重要或异常的研究开发费用，检查费用的开支标准，是否符合被审计单位的有关规定、原始凭证是否合法、计算是否正确、会计处理是否正确等							
6	检查是否存在向关联方支付研究开发费用的情形，若有，进一步检查业务是否真实、计价是否公允、原始凭证是否合法、会计处理是否正确等							
7	实施截止测试，若存在异常迹象，考虑是否有必要追加审计程序，对于重大跨期项目，提请被审计单位调整							

2. 人员人工费用审计程序表，详见示例 5 – 2。

示例 5 – 2： 人员人工费用审计程序表如表 5 – 8 所示。

表 5－8　　人员人工费用审计程序表

被审计单位：	索引号：	3020	页　次：	
	编　制：		编制日期：	
审计期间：	复　核：		复核日期：	

一、审计目标与认定对应关系表

项　目	财务报表认定					
	发生	完整性	准确性	截止	分类	列报和披露
1. 企业年度研究开发费用结构明细表中记录的人员人工费用在会计期间已发生，且与被审计单位有关	√					
2. 所有应当记录的人员人工费用均已记录		√				
3. 与人员人工费用有关的金额及其他数据已恰当记录			√			
4. 人员人工费用已记录于正确的会计期间				√		
5. 人员人工费用已记录于恰当的账户					√	
6. 人员人工费用已按照《高新技术企业认定管理工作指引》的规定恰当地列报和披露						√

二、审计程序

序号	审　计　程　序	执行情况说明	索引号
1	获取或编制应付职工薪酬明细表，复核加计是否正确，并与报表数、总账数及明细账合计数核对是否相符		
2	获取或编制科技人员薪酬明细表，复核加计是否正确		
3	获取被审计单位编制的研究开发人数统计表和被审计单位缴纳职工“五险一金”的相关资料，检查两者之间是否相符，抽查劳动合同等		
4	检查科技人员统计表中科技人员的认定是否符合《高新技术企业认定管理工作指引》的相关规定		

续表

序号	审　计　程　序	执行情况说明	索引号
5	对各研究开发项目企业研究开发项目情况表中的本项目研发人员数进行汇总，将汇总数与研究开发人数统计表中的合计数核对，并记录产生差异的原因		
6	检查工资发放记录、奖金核准及发放记录，核实人员人工费用中的基本工资、津贴、补贴等以及奖金、年终加薪与相关记录是否相符；关注期后工资及奖金的支付情况		
7	检查管理层相关决议及相关支付记录，核实与科技人员任职或者受雇有关的其他支出（包括股份支付，同时取得股东会决议及监管部门批复）与相关资料是否相符		
8	检查是否存在将非科技人员工资薪金列入研究开发费用的情况，若有，提请被审计单位调整		
9	参与研究开发工作的同时参与企业生产、经营管理的科技人员，检查其人工费用分摊方法是否合理		
10	若存在人工相关费用在各项研究开发项目之间的分摊，检查分摊方法是否合理且前后各期是否保持一致		
11	检查外聘科技人员的劳务费用发票、合同、支付凭证等		
12	抽取会计年度终了日前、后若干天的记账凭证，实施截止测试，若存在异常迹象，考虑是否有必要追加审计程序，对于重大跨期项目，提请被审计单位调整		
13	检查人员人工费用是否已按照《高新技术企业认定管理工作指引》的规定恰当地列报和披露		

3. 人员人工费用审定汇总表，详见示例 5－3。

示例 5－3：人员人工费用审定汇总表如表 5－9 所示。

表 5－9　　人员人工费用审定汇总表

被审计单位：		索引号：	3020－1	页　次：	
		编　制：		编制日期：	
审计期间：		复　核：		复核日期：	
年度	本期未审数	调整数	重分类调整数	本期审定数	备注
20×1 年度					
20×2 年度					
20×3 年度					
合　计					
审计说明：					
审计结论：					

4. 人员人工费用审定表，详见示例 5－4。

示例 5－4：人员人工费用审定表如表 5－10 所示。

表 5－10　　人员人工费用审定表

被审计单位：			索引号：	3020－2	页　次：
			编　制：		编制日期：
审计期间：			复　核：		复核日期：
序号	研发项目	本期未审数	账项调整	重分类调整	本期审定数
1	RD1				
2	RD2				
3	RD3				
4	RD4				
5	RD ***				
	合计				

续表

审计说明：
审计结论：

编制说明：本表按年编制。

5. 人员人工费用明细表，详见示例5－5。

示例5－5：人员人工费用明细表如表5－11所示。

表5－11　　人员人工费用明细表

被审计单位：					索引号：		3030－4		页　次：			
					编　制：				编制日期：			
审计期间：					复　核：				复核日期：			
序号	凭证号	摘要（内容）	金额	RD1	RD2	RD3	RD4	RD5	RD6	RD7	RD ***	分配依据
1												
2												
3												
4												
5												
	小计											
审计说明：												

编制说明：①按年编制；②可以按账页打印代替此表。

6. 科技人员清单及项目分工表，详见示例5－6。

示例5－6：科技人员清单及项目分工表如表5－12所示。

表 5－12

科技人员清单及项目分工表

被审计单位：	索引号： 3020－4	页　次：	
	编　制：	编制日期：	
审计期间：	复　核：	复核日期：	

序号	姓名	入职年月	工作岗位	社会保险缴纳情况（有/无）	签订劳动合同（有/无）	外聘人员（是/否）	参与的研发项目（参与项目打勾）											参与多个研发项目的分配办法	备注
							RD01	RD02	RD03	RD04	RD05	RD06	RD07	RD08	RD09	RD10	……		
1																			
2																			
3																			
……																			
审计说明：																			

编制说明：①以研发部门的工资表为基础，研发人员职务主要包括：研发主任、研发副主任、研发项目负责人、研发助理等；②按年编制。

7. 人员人工费用凭证检查表，详见示例 5－7。

示例 5－7：人员人工费用凭证检查表如表 5－13 所示。

表 5－13　人员人工费用凭证检查表

<table>
<tr><td colspan="4" rowspan="2">被审计单位：</td><td>索引号：</td><td>3020－5</td><td>页　次：</td><td colspan="7"></td></tr>
<tr><td>编　制：</td><td></td><td>编制日期：</td><td colspan="7"></td></tr>
<tr><td colspan="4">审计期间：</td><td>复　核：</td><td></td><td>复核日期：</td><td colspan="7"></td></tr>
<tr><td rowspan="2">序号</td><td rowspan="2">日期</td><td rowspan="2">凭证号</td><td rowspan="2">内容</td><td rowspan="2">明细项目</td><td rowspan="2">借方金额</td><td colspan="6">核对内容</td><td rowspan="2" colspan="2">备注</td></tr>
<tr><td>1</td><td>2</td><td>3</td><td>4</td><td>5</td><td>6</td></tr>
<tr><td>1</td><td></td><td></td><td></td><td></td><td></td><td></td><td></td><td></td><td></td><td></td><td></td><td colspan="2"></td></tr>
<tr><td>2</td><td></td><td></td><td></td><td></td><td></td><td></td><td></td><td></td><td></td><td></td><td></td><td colspan="2"></td></tr>
<tr><td>……</td><td></td><td></td><td></td><td></td><td></td><td></td><td></td><td></td><td></td><td></td><td></td><td colspan="2"></td></tr>
<tr><td colspan="7" rowspan="7">审计说明：</td><td colspan="7">核对内容说明：</td></tr>
<tr><td colspan="7">1. 原始凭证内容完整</td></tr>
<tr><td colspan="7">2. 有授权批准</td></tr>
<tr><td colspan="7">3. 账务处理正确</td></tr>
<tr><td colspan="7">4. 与项目研发相关</td></tr>
<tr><td colspan="7">5. 不属于跨期费用</td></tr>
<tr><td colspan="7">6. 分配基础合理</td></tr>
<tr><td colspan="14">审计结论：</td></tr>
</table>

8. 直接投入费用审计程序表，详见示例5－8。

示例5－8：直接投入费用审计程序表如表5－14所示。

表5－14　　直接投入费用审计程序表

被审计单位：	索引号：	3030	页　次：	
	编　制：		编制日期：	
审计期间：	复　核：		复核日期：	

一、审计目标与认定对应关系表

项　目	财务报表认定					
	发生	完整性	准确性	截止	分类	列报和披露
1. 企业年度研究开发费用结构明细表中记录的直接投入在会计期间已发生，且与被审计单位有关	√					
2. 所有应当记录的直接投入均已记录		√				
3. 与直接投入有关的金额及其他数据已恰当记录			√			
4. 直接投入已记录于正确的会计期间				√		
5. 直接投入已记录于恰当的账户					√	
6. 直接投入已按照《高新技术企业认定管理工作指引》的规定恰当地列报和披露						√

二、审计程序

序号	审　计　程　序	执行情况说明	索引号
1	获取各项目直接投入费用的明细清单，并与明细账核对是否相符		
2	检查开支范围是否符合《高新技术企业认定管理工作指引》的相关规定		
3	检查为实施研究开发项目而购买的原材料等相关支出，例如，水和燃料（包括煤气和电）使用费等，用于中间试验和产品试制达不到固定资产标准的模具、样品、样机及一般测试手段购置费、试制产品的检验费等，以及用于研究开发活动的仪器设备的简单维护费，核实其是否与相关原始凭证相符		

续表

序号	审　计　程　序	执行情况说明	索引号
4	对以经营租赁方式租入的研发用固定资产所发生的租赁费，检查相关合同或协议、付款记录		
5	检查是否存在将为实施研究开发项目以外的项目而发生的采购费用、水电费、租赁费等列入直接投入的情形，若有，提请被审计单位调整		
6	费用单据是否经过研发部门有关负责人或研发组成员签署，费用单据是否标有与项目相关性的信息（如项目名称、项目内部代码等标识）		
7	检查材料投入是否有领料单、出库单，领料单是否能与生产领料单据区分		
8	抽取会计年度终了日前、后若干天的记账凭证，实施截止测试，若存在异常迹象，考虑是否有必要追加审计程序，对于重大跨期项目，提请被审计单位调整		
9	检查直接投入是否已按照《高新技术企业认定管理工作指引》的规定恰当地列报和披露		

9. 直接投入费用审定汇总表，详见示例5－9。

示例5－9：直接投入费用审定汇总表如表5－15所示。

表5－15　　　　直接投入费用审定汇总表

被审计单位：	索引号：	3030－1	页　　次：	
	编　制：		编制日期：	
审计期间：	复　核：		复核日期：	

续表

年度	本期未审数	调整数	重分类调整数	本期审定数	备注
20×1 年度					
20×2 年度					
20×3 年度					
合　计					

审计说明：

审计结论：

10. 直接投入费用汇总分析表，详见示例 5－10。

示例 5－10：直接投入费用汇总分析表如表 5－16 所示。

表 5－16　　直接投入费用汇总分析表

<table>
<tr><td colspan="3" rowspan="2">被审计单位：</td><td colspan="2">索引号：</td><td>3030－2</td><td colspan="2">页　　次：</td><td></td></tr>
<tr><td colspan="2">编　制：</td><td></td><td colspan="2">编制日期：</td><td></td></tr>
<tr><td colspan="3">审计期间：</td><td colspan="2">复　核：</td><td></td><td colspan="2">复核日期：</td><td></td></tr>
<tr><td rowspan="2">研发项目</td><td colspan="3">账面发生额</td><td rowspan="2">合计</td><td colspan="3">占账面研发项目总投入比例</td><td rowspan="2">备注</td></tr>
<tr><td>20×1 年度</td><td>20×2 年度</td><td>20×3 年度</td><td>20×1 年度</td><td>20×2 年度</td><td>20×3 年度</td></tr>
<tr><td></td><td></td><td></td><td></td><td></td><td></td><td></td><td></td><td></td></tr>
<tr><td></td><td></td><td></td><td></td><td></td><td></td><td></td><td></td><td></td></tr>
<tr><td>合计</td><td></td><td></td><td></td><td></td><td></td><td></td><td></td><td></td></tr>
<tr><td colspan="9">确定的审计重点：</td></tr>
</table>

编制说明：①按每一个研发项目分别填列各年度的发生额；②对照项目立项书、实施方案、阶段性报告或工作总结的研发内容、研发进度，分析判断各年度直接投入情况是否与研发内容和进度匹配，是否有重大异常情况，判断其合理性，并作出相应记录；③根据对投入情况的分析，确定重点审计的项目和开支年份。

11. 直接投入费用审定表，详见示例5－11。

示例5－11：直接投入费用审定表如表5－17所示。

表5－17　直接投入费用审定表

被审计单位：			索引号：	3030－3	页　次：	
			编　制：		编制日期：	
审计期间：			复　核：		复核日期：	
序号	研发项目	本期未审数	账项调整	重分类调整	本期审定数	
1	RD1					
2	RD2					
3	RD3					
4	RD4					
5	RD5					
6	RD ***					
7	合计					
审计说明：						
审计结论：						

编制说明：按年编制。

12. 直接投入费用明细表，详见示例5－12。

示例5－12：直接投入费用明细表如表5－18所示。

表5－18　直接投入费用明细表

被审计单位：			索引号：	3030－4		页　次：		
			编　制：			编制日期：		
审计期间：			复　核：			复核日期：		
序号	凭证号	摘要（内容）	金额	RD1	RD2	RD3	RD4	RD ***	分配依据
1									
2									
3									
……									
	小计								
审计说明：									

编制说明：①按年编制；②可以按账页打印代替此表。

13. 直接投入费用凭证检查表，详见示例5－13。

示例5－13：直接投入费用凭证检查表如表5－19所示。

表5－19　　**直接投入费用凭证检查表**

被审计单位：			索引号：	3030－5	页　次：							
			编　制：		编制日期：							
审计期间：			复　核：		复核日期：							
序号	日期	凭证号	内容	明细项目	借方金额	核对内容						备注
						1	2	3	4	5	6	
1												
2												
3												
4												
5												
6												
审计说明：					核对内容说明：							
					1. 原始凭证内容完整							
					2. 有授权批准							
					3. 账务处理正确							
					4. 与项目研发相关							
					5. 不属于跨期费用							
					6. 分配基础合理							
审计结论：												

14. 折旧费用与长期待摊费用摊销审计程序表，详见示例5-14。

示例5-14：折旧费用与长期待摊费用摊销审计程序表如表5-20所示。

表5-20　　折旧费用与长期待摊费用摊销审计程序表

被审计单位：	索引号：	3040	页　次：	
	编　制：		编制日期：	
审计期间：	复　核：		复核日期：	

一、审计目标与认定对应关系表

项　目	财务报表认定					
	发生	完整性	准确性	截止	分类	列报和披露
1. 企业年度研究开发费用结构明细表中记录的折旧费用与长期待摊费用在会计期间已发生，且与被审计单位有关	√					
2. 所有应当记录的折旧费用与长期待摊费用均已记录		√				
3. 与折旧费用和长期待摊费用有关的金额及其他数据已恰当记录			√			
4. 折旧费用与长期待摊费用已记录于正确的会计期间				√		
5. 折旧费用与长期待摊费用已记录于恰当的账户					√	
6. 折旧费用与长期待摊费用已按照《高新技术企业认定管理工作指引》的规定恰当地列报和披露						√

二、审计程序

序号	审　计　程　序	执行情况说明	索引号
1	获取与研发项目相关的固定资产折旧明细清单或长期待摊费用摊销明细清单，并与明细账核对是否相符		
2	重新计算与研发项目相关的固定资产折旧和长期待摊费用摊销额		
3	检查是否属于为执行研究开发活动而购置的仪器和设备、研究开发项目在用建筑物的折旧费用		

续表

序号	审　计　程　序	执行情况说明	索引号
4	检查固定资产折旧计提、长期待摊费用摊销所采用的会计政策、会计估计是否与财务报表所采用的一致，前后各期是否保持一致，折旧或摊销的计算是否正确		
5	对于研究开发项目和非研究开发项目共用的资产，检查折旧或摊销的分配方法是否合理，且前后各期是否保持一致，分配的金额是否正确		
6	编制企业研发用固定资产抽盘表，实地查看研发用固定资产的使用状况		
7	抽取会计年度终了日前、后若干天的记账凭证，实施截止测试，若存在异常迹象，考虑是否有必要追加审计程序，对于重大跨期项目，提请被审计单位调整		
8	检查折旧费用与长期待摊费用是否已按照《高新技术企业认定管理工作指引》的规定恰当地列报和披露		

15. 折旧费用与长期待摊费用审定汇总表，详见示例5－15。

示例5－15：折旧费用与长期待摊费用审定汇总表如表5－21所示。

表5－21　　折旧费用与长期待摊费用审定汇总表

被审计单位：		索引号：	3040－1	页　次：	
		编　制：		编制日期：	
审计期间：		复　核：		复核日期：	
年度	本期未审数	调整数	重分类调整数	本期审定数	备注
20×1年度					
20×2年度					
20×3年度					
合　计					

审计说明：

审计结论：

16. 累计折旧总体性分析表，详见示例 5 – 16。

示例 5 – 16：累计折旧总体性分析表如表 5 – 22 所示。

表 5 – 22 **累计折旧总体性分析表**

被审计单位：			索引号：	3040 – 2	页　次：		
			编　制：		编制日期：		
审计期间：			复　核：		复核日期：		
年度	本年折旧总额	折旧分配					研究开发费中折旧额占本年折旧额比例
		研究开发费	制造费用	管理费用	销售费用	小计	
20×1 年度							
20×2 年度							
20×3 年度							
合计							

审计说明：

审计结论：

17. 折旧费用与长期待摊费用审定表，详见示例 5 - 17。

示例 5 - 17：折旧费用与长期待摊费用审定表如表 5 - 23 所示。

表 5 - 23　　折旧费用与长期待摊费用审定表

被审计单位：		索引号：	3040 - 3	页　　次：	
		编　制：		编制日期：	
审计期间：		复　核：		复核日期：	
序号	研发项目	本期未审数	账项调整	重分类调整	本期审定数
1	RD1				
2	RD2				
3	RD3				
4	RD4				
5	RD5				
6	RD ***				
7	合计				
审计说明：					
审计结论：					

编制说明：按年或当期编制。

18. 折旧费用与长期待摊费用明细表，详见示例 5－18。

示例 5－18：折旧费用与长期待摊费用明细表如表 5－24 所示。

表 5－24　　折旧费用与长期待摊费用明细表

被审计单位：					索引号：	3040－4		页　　次：		
					编　制：			编制日期：		
审计期间：					复　核：			复核日期：		
序号	日期	凭证号	本期计入研发项目的折旧与摊销	分摊依据	RD1	RD2	RD3	RD4	RD5	RD ***	合计
1											
2											
3											
4											
5											
6											
7											
8											
9											
10											
合计											

审计说明：

编制说明：可以按账页打印代替此表。

19. 研发用固定资产折旧测算表，详见示例5－19。

示例5－19：研发用固定资产折旧测算表如表5－25所示。

表5－25 **研发用固定资产折旧测算表**

被审计单位：	索引号：	3040－5	页　次：	
	编　制：		编制日期：	
审计期间：	复　核：		复核日期：	

序号	资产名称	研发专用（是/否）	数量	投入使用时间	折旧方法	折旧年限	残值率	原值	年初减值准备	本期账面折旧	本期应计折旧额	差异	其中：归属于研发项目金额	备注
合计														

审计说明：

审计结论：

编制说明：非研发专用设备需关注分配依据是否合理。

20. 长期待摊费用摊销测算表，详见示例5－20。

示例5－20： 长期待摊费用摊销测算表如表5－26所示。

表5－26　　长期待摊费用摊销测算表

被审计单位：				索引号：	3040－6		页　次：		
				编　制：			编制日期：		
审计期间：				复　核：			复核日期：		
序号	费用项目	摊销年限	数量	初始摊销时间	原值	本期账面摊销	本期应摊销额	差异	其中：归属于研发项目金额	备注
合　计										

审计说明：

审计结论：

21. 研发用固定资产抽盘表，详见示例5－21。

示例5－21：研发用固定资产抽盘表如表5－27所示。

表5－27　　研发用固定资产抽盘表

被审计单位：			索引号：		3040－7	页　次：			
			编　制：			编制日期：			
审计期间：			复　核：			复核日期：			
序号	研发（专用/通用）	固定资产名称	规格型号	存放位置	计量单位	账面数量	实际数量	差异	备注
审计说明：									
审计结论：									

22. 折旧费用与长期待摊费用凭证检查表，详见示例 5－22。

示例 5－22： 折旧费用与长期待摊费用凭证检查表如表 5－28 所示。

表 5－28 **折旧费用与长期待摊费用凭证检查表**

被审计单位：				索引号：	3040－8	页　次：						
				编　制：		编制日期：						
审计期间：				复　核：		复核日期：						
序号	日期	凭证号	内容	明细项目	借方金额	核对内容						备注
						1	2	3	4	5	6	
1												
2												
3												
4												
……												
审计说明：									核对内容说明：			
									1. 原始凭证内容完整			
									2. 有授权批准			
									3. 账务处理正确			
									4. 与项目研发相关			
									5. 不属于跨期费用			
									6. 分配基础合理			
审计结论：												

23. 无形资产摊销审计程序表，详见示例5－23。

示例5－23：无形资产摊销审计程序表如表5－29所示。

表5－29　　　　无形资产摊销审计程序表

被审计单位：	索引号：	3050	页　次：	
	编　制：		编制日期：	
审计期间：	复　核：		复核日期：	

一、审计目标与认定对应关系表

项　目	财务报表认定					
	发生	完整性	准确性	截止	分类	列报和披露
1. 企业年度研究开发费用结构明细表中记录的无形资产摊销在会计期间已发生，且与被审计单位有关	√					
2. 所有应当记录的无形资产摊销均已记录		√				
3. 与无形资产摊销有关的金额及其他数据已恰当记录			√			
4. 无形资产摊销已记录于正确的会计期间				√		
5. 无形资产摊销已记录于恰当的账户					√	
6. 无形资产摊销已按照《高新技术企业认定管理工作指引》的规定恰当地列报和披露						√

二、审计程序

序号	审　计　程　序	执行情况说明	索引号
1	获取研发相关的无形资产明细表，复核加计是否正确，并与明细账核对是否相符		
2	检查是否属于因研究开发活动需要而购入的专利、非专利发明、许可证、专有技术、设计和计算方法等所发生的费用摊销		
3	取得相关无形资产初始购置时的协议或合同、发票、付款凭证等，检查无形资产原值的确认是否正确		
4	检查无形资产摊销的政策是否正确，且前后各期是否保持一致，摊销的金额是否正确		

续表

序号	审　计　程　序	执行情况说明	索引号
5	检查是否存在列入与研究开发项目无关的其他无形资产摊销的情形，若有，提请被审计单位调整		
6	抽取会计年度终了日前、后若干天的记账凭证，实施截止测试，若存在异常迹象，考虑是否有必要追加审计程序，对于重大跨期项目，提请被审计单位调整		
7	检查无形资产摊销是否已按照《高新技术企业认定管理工作指引》的规定恰当地列报和披露		

24. 无形资产摊销审定汇总表，详见示例 5－24。

示例 5－24：无形资产摊销审定汇总表如表 5－30 所示。

表 5－30　　　　无形资产摊销审定汇总表

<table>
<tr><td colspan="2" rowspan="2">被审计单位：</td><td>索引号：</td><td>3050－1</td><td>页　　次：</td><td></td></tr>
<tr><td>编　制：</td><td></td><td>编制日期：</td><td></td></tr>
<tr><td colspan="2">审计期间：</td><td>复　核：</td><td></td><td>复核日期：</td><td></td></tr>
<tr><td>年度</td><td>本期未审数</td><td>调整数</td><td>重分类调整数</td><td>本期审定数</td><td>备注</td></tr>
<tr><td>20×1 年度</td><td></td><td></td><td></td><td></td><td></td></tr>
<tr><td>20×2 年度</td><td></td><td></td><td></td><td></td><td></td></tr>
<tr><td>20×3 年度</td><td></td><td></td><td></td><td></td><td></td></tr>
<tr><td>合　计</td><td></td><td></td><td></td><td></td><td></td></tr>
<tr><td colspan="6">审计说明：</td></tr>
<tr><td colspan="6">审计结论：</td></tr>
</table>

25. 无形资产摊销审定表，详见示例5－25。

示例5－25：无形资产摊销审定表如表5－31所示。

表5－31 **无形资产摊销审定表**

被审计单位：		索引号：	3050－2	页　次：	
		编　制：		编制日期：	
审计期间：		复　核：		复核日期：	

序号	研发项目	本期未审数	账项调整	重分类调整	本期审定数
1	RD1				
2	RD2				
3	RD3				
4	RD4				
5	RD5				
6	RD ***				
7	合计				

审计说明：

编制说明：按年或当期编制。

26. 无形资产摊销明细表，详见示例5－26。

示例5－26：无形资产摊销明细表如表5－32所示。

表5－32　　**无形资产摊销明细表**

被审计单位：				索引号：	3050－3			页　次：			
				编　制：				编制日期：			
审计期间：				复　核：				复核日期：			
序号	日期	凭证号	本期可计入研发项目的摊销额	分摊依据	RD1	RD2	RD3	RD4	RD5	RD ***	合计
1											
2											
3											
4											
……											
合计											

审计说明：

27. 无形资产摊销测算表，详见示例5－27。

示例5－27： 无形资产摊销测算表如表5－33所示。

表5－33 **无形资产摊销测算表**

被审计单位：					索引号：	3050－4			页　次：			
					编　制：				编制日期：			
审计期间：					复　核：				复核日期：			
序号	资产名称	期间	数量	投入使用时间	摊销方法	摊销年限	原值	年初减值准备	本期账面摊销	本期应计摊销额	差异	备注
1												
2												
3												
4												
……												
合　计												

审计说明：

审计结论：

28. 无形资产摊销凭证检查表，详见示例5－28。

示例5－28： 无形资产摊销凭证检查表如表5－34所示。

表5－34　无形资产摊销凭证检查表

被审计单位：				索引号：	3050－5	页　次：						
				编　制：		编制日期：						
审计期间：				复　核：		复核日期：						
序号	日期	凭证号	内容	明细项目	借方金额	核对内容						备注
						1	2	3	4	5	6	
1												
2												
3												
4												
……												
审计说明：						核对内容说明：						
						1. 原始凭证内容完整						
						2. 有授权批准						
						3. 账务处理正确						
						4. 与项目研发相关						
						5. 不属于跨期费用						
						6. 分配基础合理						
审计结论：												

29. 设计费用审计程序表，详见示例 5 – 29。

示例 5 – 29：设计费用审计程序表如表 5 – 35 所示。

表 5 – 35　　　　设计费用审计程序表

被审计单位：	索引号：	3060	页　次：	
	编　制：		编制日期：	
审计期间：	复　核：		复核日期：	

一、审计目标与认定对应关系表

项　目	财务报表认定					
	发生	完整性	准确性	截止	分类	列报和披露
1. 企业年度研究开发费用结构明细表中记录的设计费用在会计期间已发生，且与被审计单位有关	√					
2. 所有应当记录的设计费用均已记录		√				
3. 与设计费用有关的金额及其他数据已恰当记录			√			
4. 设计费用已记录于正确的会计期间				√		
5. 设计费用已记录于恰当的账户					√	
6. 设计费用已按照《高新技术企业认定管理工作指引》的规定恰当地列报和披露						√

二、审计程序

序号	审　计　程　序	执行情况说明	索引号
1	获取设计费用明细表，复核加计是否正确，并与明细账核对是否相符		
2	检查是否为新产品和新工艺的构思、开发和制造，进行工序、技术规范、操作特性方面的设计等所发生的费用		

续表

序号	审　计　程　序	执行情况说明	索引号
3	检查设计费用的核准、支付是否符合内部管理办法的规定，是否与原始凭证相符		
4	检查是否存在列入与研究开发项目无关的设计费的情形，若有，提请被审计单位调整		
5	抽取会计年度终了日前、后若干天的记账凭证，实施截止测试，若存在异常迹象，考虑是否有必要追加审计程序，对于重大跨期项目，提请被审计单位调整		
6	检查设计费用是否已按照《高新技术企业认定管理工作指引》的规定恰当地列报和披露		

30. 设计费用审定汇总表，详见示例 5－30。

示例 5－30：设计费用审定汇总表如表 5－36 所示。

表 5－36　　设计费用审定汇总表

被审计单位：	索引号：	3060－1	页　　次：	
	编　制：		编制日期：	
审计期间：	复　核：		复核日期：	

年度	本期未审数	调整数	重分类调整数	本期审定数	备注
20×1 年度					
20×2 年度					
20×3 年度					
合　计					

续表

审计说明：
审计结论：

31. 设计费用审定表，详见表示例 5－31。

示例 5－31：设计费用审定表如表 5－37 所示。

表 5－37　　　　设计费用审定表

被审计单位：			索引号：	3060－2	页　次：	
			编　制：		编制日期：	
审计期间：			复　核：		复核日期：	
序号	研发项目	本期未审数	账项调整	重分类调整	本期审定数	
1	RD1					
2	RD2					
3	RD3					
4	RD4					
5	RD5					
6	RD ***					
7	合计					
审计说明：						
审计结论：						

编制说明：按年或当期编制。

32. 设计费用明细表，详见示例 5 – 32。

示例 5 – 32：设计费用明细表如表 5 – 38 所示。

表 5 – 38

设计费用明细表

被审计单位：				索引号：	3060 – 3		页　次：			
				编　制：			编制日期：			
审计期间：				复　核：			复核日期：			
序号	年月凭证号	内容	金额	分摊依据	RD1	RD2	RD3	RD4	RD5	RD ***
1										
2										
3										
4										
5										
……										
合计										

审计说明：

33. 设计费用凭证检查表，详见示例 5－33。

示例 5－33：设计费用凭证检查表如表 5－39 所示。

表 5－39　　**设计费用凭证检查表**

<table>
<tr><td colspan="4" rowspan="2">被审计单位：</td><td>索引号：</td><td>3060－4</td><td colspan="3">页　　次：</td><td colspan="4"></td></tr>
<tr><td>编　制：</td><td></td><td colspan="3">编制日期：</td><td colspan="4"></td></tr>
<tr><td colspan="4">审计期间：</td><td>复　核：</td><td></td><td colspan="3">复核日期：</td><td colspan="4"></td></tr>
<tr><td rowspan="2">序号</td><td rowspan="2">日期</td><td rowspan="2">凭证号</td><td rowspan="2">内容</td><td rowspan="2">明细项目</td><td rowspan="2">借方金额</td><td colspan="6">核对内容</td><td rowspan="2">备注</td></tr>
<tr><td>1</td><td>2</td><td>3</td><td>4</td><td>5</td><td>6</td></tr>
<tr><td>1</td><td></td><td></td><td></td><td></td><td></td><td></td><td></td><td></td><td></td><td></td><td></td><td></td></tr>
<tr><td>2</td><td></td><td></td><td></td><td></td><td></td><td></td><td></td><td></td><td></td><td></td><td></td><td></td></tr>
<tr><td>3</td><td></td><td></td><td></td><td></td><td></td><td></td><td></td><td></td><td></td><td></td><td></td><td></td></tr>
<tr><td>4</td><td></td><td></td><td></td><td></td><td></td><td></td><td></td><td></td><td></td><td></td><td></td><td></td></tr>
<tr><td>……</td><td></td><td></td><td></td><td></td><td></td><td></td><td></td><td></td><td></td><td></td><td></td><td></td></tr>
<tr><td colspan="8">审计说明：</td><td colspan="5">核对内容说明：
1. 原始凭证内容完整
2. 有授权批准
3. 账务处理正确
4. 与项目研发相关
5. 不属于跨期费用
6. 分配基础合理</td></tr>
<tr><td colspan="13">审计结论：</td></tr>
</table>

34. 装备调试费用与试验费用审计程序表，详见示例5－34。

示例5－34：装备调试费用与试验费用审计程序表如表5－40所示。

表5－40　　装备调试费用与试验费用审计程序表

被审计单位：	索引号：	3070	页　次：	
	编　制：		编制日期：	
审计期间：	复　核：		复核日期：	

一、审计目标与认定对应关系表

项　目	财务报表认定					
	发生	完整性	准确性	截止	分类	列报和披露
1. 企业年度研究开发费用结构明细表中记录的装备调试费用与试验费用在会计期间已发生，且与被审计单位有关	√					
2. 所有应当记录的装备调试费用与试验费用均已记录		√				
3. 与装备调试费用和试验费用有关的金额及其他数据已恰当记录			√			
4. 装备调试费用与试验费用已记录于正确的会计期间				√		
5. 装备调试费用与试验费用已记录于恰当的账户					√	
6. 装备调试费用与试验费用已按照《高新技术企业认定管理工作指引》的规定恰当地列报和披露						√

续表

二、审计程序

序号	审　计　程　序	执行情况说明	索引号
1	获取装备调试费用与试验费用明细表，复核加计是否正确，并与报表数、总账数及明细账合计数核对是否相符		
2	检查是否属于工装准备过程中研究开发活动（如研制生产机器、模具和工具，改变生产和质量控制程序，或制定新方法及标准等）所发生的费用		
3	检查试验费用是否为新药研制的临床试验费、勘探开发技术的现场试验费、田间试验费等		
4	检查相关费用的核准、支付是否符合内部管理办法的规定，是否与原始凭证相符		
5	检查是否存在列入为大规模批量化和商业化生产所进行的常规性工装准备及工业工程发生的费用的情形，若有，提请被审计单位调整		
6	抽取会计年度终了日前、后若干天的记账凭证，实施截止测试，若存在异常迹象，考虑是否有必要追加审计程序，对于重大跨期项目，提请被审计单位调整		
7	检查装备调试费用与试验费用是否已按照《高新技术企业认定管理工作指引》的规定恰当地列报和披露		

35. 装备调试费用与试验费用审定汇总表，详见示例 5－35。

示例 5－35：装备调试费用与试验费用审定汇总表如表 5－41 所示。

表 5 - 41　　装备调试费用与试验费用审定汇总表

被审计单位：		索引号：	3070 - 1	页　次：	
		编　制：		编制日期：	
审计期间：		复　核：		复核日期：	
年度	本期未审数	调整数	重分类调整数	本期审定数	备注
20×1 年度					
20×2 年度					
20×3 年度					
合　计					

审计说明：

审计结论：

36. 装备调试费用与试验费用审定表，详见示例 5 - 36。

示例 5 - 36： 装备调试费用与试验费用审定表如表 5 - 42 所示。

表 5 - 42　　装备调试费用与试验费用审定表

被审计单位：		索引号：	3070 - 2	页　次：	
		编　制：		编制日期：	
审计期间：		复　核：		复核日期：	
序号	研发项目	本期未审数	账项调整	重分类调整	本期审定数
1	RD1				
2	RD2				
3	RD3				
4	RD4				
5	RD5				
6	RD ***				
	合计				

审计说明：

审计结论：

编制说明：按年或当期编制。

37. 装备调试费用与试验费用明细表，详见示例 5－37。

示例 5－37：装备调试费用与试验费用明细表如表 5－43 所示。

表 5－43　　**装备调试费用与试验费用明细表**

被审计单位：				索引号：	3070－3		页　次：			
				编　制：			编制日期：			
审计期间：				复　核：			复核日期：			
序号	凭证号	内容	金额	RD1	RD2	RD3	RD4	RD5	RD ***	备注
1										
2										
3										
4										
5										
……										
合计										

审计说明：

38. 装备调试费用与试验费用凭证检查表，详见示例5－38。

示例5－38：装备调试费用与试验费用凭证检查表如表5－44所示。

表5－44 **装备调试费用与试验费用凭证检查表**

被审计单位：				索引号：	3070－4	页　次：						
				编　制：		编制日期：						
审计期间：				复　核：		复核日期：						
序号	日期	凭证号	内容	明细项目	借方金额	核对内容						备注
						1	2	3	4	5	6	
1												
2												
3												
4												
……												
审计说明：								核对内容说明： 1. 原始凭证内容完整 2. 有授权批准 3. 账务处理正确 4. 与项目研发相关 5. 不属于跨期费用 6. 分配基础合理				
审计结论：												

39. 其他费用审计程序表，详见示例 5－39。

示例 5－39：其他费用审计程序表如表 5－45 所示。

表 5－45　　其他费用审计程序表

被审计单位：	索引号：	3080	页　次：	
	编　制：		编制日期：	
审计期间：	复　核：		复核日期：	

一、审计目标与认定对应关系表

项　目	财务报表认定					
	发生	完整性	准确性	截止	分类	列报和披露
1. 企业年度研究开发费用结构明细表中记录的其他费用在会计期间已发生，且与被审计单位有关	√					
2. 所有应当记录的其他费用均已记录		√				
3. 与研究开发费用有关的金额及其他数据已恰当记录			√			
4. 其他费用已记录于正确的会计期间				√		
5. 其他费用已记录于恰当的账户					√	
6. 其他费用已按照《高新技术企业认定管理工作指引》的规定恰当地列报和披露						√

二、审计程序

序号	审　计　程　序	执行情况说明	索引号
1	获取其他费用明细表，复核加计正确，并与明细账核对是否相符		

续表

序号	审 计 程 序	执行情况说明	索引号
2	检查是否属于为研究开发活动所发生的其他费用，如办公费、通信费、专利申请维护费、高新科技研发保险费等		
3	检查相关费用的核准、支付是否符合内部管理办法的规定，是否与原始凭证相符		
4	检查是否存在列入与研究开发项目无关的其他费用的情形，若有，提请被审计单位调整		
5	若存在其他费用在研究开发项目与其他项目之间分摊的情形，检查分摊方法是否合理，且前后各期是否保持一致，分摊的金额是否正确		
6	检查列报的其他费用是否超过研究开发费用的 20%，若超过 20%，提请被审计单位调整		
7	实施截止测试，若存在异常迹象，考虑是否有必要追加审计程序，对于重大跨期项目，提请被审计单位调整		
8	检查其他费用是否已按照《高新技术企业认定管理工作指引》的规定恰当地列报和披露		

40. 其他费用审定汇总表，详见示例 5－40。

示例 5－40：其他费用审定汇总表如表 5－46 所示。

表 5－46　　其他费用审定汇总表

被审计单位：	索引号：	3080－1	页　　次：	
	编　制：		编制日期：	
审计期间：	复　核：		复核日期：	

年度	本期未审数	调整数	重分类调整数	本期审定数	是否超过扣除限额（20%）	实际允许发生额	备注
20×1 年度							
20×2 年度							
20×3 年度							
小　　计							
合　　计							

审计说明：

审计结论：

41. 其他费用审定表，详见示例 5－41。

示例 5－41：其他费用审定表如表 5－47 所示。

表 5－47　　其他费用审定汇总表

被审计单位：	索引号：	3080－2	页　　次：	
	编　制：		编制日期：	
审计期间：	复　核：		复核日期：	

序号	研发项目	本期未审数	账项调整	重分类调整	本期审定数	超过扣除限额（20%）金额	实际允许列报的金额
1	RD1						
2	RD2						
3	RD3						
4	RD4						
5	RD5						
6	RD ***						
	合计						

审计说明：

审计结论：

编制说明：按年编制。

42. 其他费用明细表，详见示例 5－42。

示例 5－42：其他费用明细表如表 5－48 所示。

表 5－48　　**其他费用明细表**

被审计单位：				索引号：	3080－3		页　次：			
				编　制：			编制日期：			
审计期间：				复　核：			复核日期：			
序号	凭证号	内容	金额	RD1	RD2	RD3	RD4	RD5	RD ***	备注
1										
2										
3										
4										
……										
合计										

审计说明：

43. 其他费用凭证检查表，详见示例5－43。

示例5－43： 其他费用凭证检查表如表5－49所示。

表5－49　　**其他费用凭证检查表**

被审计单位：				索引号：	3080－4	页　次：						
				编　制：		编制日期：						
审计期间：				复　核：		复核日期：						
序号	日期	凭证号	内容	明细项目	借方金额	核对内容						备注
						1	2	3	4	5	6	
1												
2												
3												
4												
……												
审计说明：								核对内容说明：				
								1. 原始凭证内容完整				
								2. 有授权批准				
								3. 账务处理正确				
								4. 与项目研发相关				
								5. 不属于跨期费用				
								6. 分配基础合理				
审计结论：												

44. 委托外部研究开发费用审计程序表，详见示例5-44。

示例5-44：委托外部研究开发费用审计程序表如表5-50所示。

表5-50　委托外部研究开发费用审计程序表

被审计单位：	索引号：	3090	页　次：	
	编　制：		编制日期：	
审计期间：	复　核：		复核日期：	

一、审计目标与认定对应关系表

项　目	财务报表认定					
	发生	完整性	准确性	截止	分类	列报和披露
1. 企业年度研究开发费用结构明细表中记录的委托外部研究开发费用在会计期间已发生，且与被审计单位有关	√					
2. 所有应当记录的委托外部研究开发费用均已记录		√				
3. 与委托外部研究开发费用有关的金额及其他数据已恰当记录			√			
4. 委托外部研究开发费用已记录于正确的会计期间				√		
5. 委托外部研究开发费用已记录于恰当的账户					√	
6. 委托外部研究开发费用已按照《高新技术企业认定管理工作指引》的规定恰当地列报和披露						√

二、审计程序

序号	审　计　程　序	执行情况说明	索引号
1	获取委托外部研究开发费用明细表，复核加计是否正确，并与明细账核对是否相符		

续表

序号	审　计　程　序	执行情况说明	索引号
2	检查是否属于被审计单位委托境内其他企业、大学、研究机构、转制院所、技术专业服务机构和境外机构进行研究开发活动所发生的费用，关注项目成果是否为被审计单位拥有且与被审计单位的主要经营业务紧密相关		
3	检查委托外部研究开发费用的定价是否按照非关联方交易的原则确定		
4	取得技术开发合同等协议、发票、付款记录，检查其是否与账面记录相符		
5	检查是否存在与研究开发项目无关的委托外部研发支出的情形，若有，提请被审计单位调整		
6	检查研究开发项目中委托外部研究开发的投入额是否按80%计入研究开发费用总额，若超过80%，提请被审计单位调整		
7	检查是否存在列入委托境外机构完成研究开发活动所发生的费用超过规定比例的情形，若有，提请被审计单位调整		
8	抽取会计年度终了日前、后若干天的记账凭证，实施截止测试，若存在异常迹象，考虑是否有必要追加审计程序，对于重大跨期项目，提请被审计单位调整		
9	检查委托外部研究开发费用是否已按照《高新技术企业认定管理工作指引》的规定恰当地列报和披露		

45. 委托外部研究开发费用审定汇总表，详见示例5－45。

示例5－45：委托外部研究开发费用审定汇总表如表5－51所示。

表 5 - 51 委托外部研究开发费用审定汇总表

被审计单位：	索引号：	3090 - 1	页　　次：	
	编　制：		编制日期：	
审计期间：	复　核：		复核日期：	

年度	本期未审数	调整数	重分类调整数	本期审定数	限额扣除比例	本期允许扣除额审定数	备注
20×1 年度					80.00%		
20×2 年度					80.00%		
20×3 年度					80.00%		
合　计							

审计说明：

审计结论：

46. 委托外部研究开发费用审定表，详见示例 5 - 46。

示例 5 - 46：委托外部研究开发费用审定表如表 5 - 52 所示。

表 5 - 52 委托外部研究开发费用审定表

被审计单位：	索引号：	3090 - 2	页　　次：	
	编　制：		编制日期：	
审计期间：	复　核：		复核日期：	

序号	研发项目	本期未审数	账项调整	重分类调整	本期审定数	限额扣除比例	实际允许列报的金额
1	RD1					80.00%	
2	RD2					80.00%	
3	RD3					80.00%	
4	RD4					80.00%	
5	RD5					80.00%	
6	RD ***					80.00%	
	合计						

审计说明：

审计结论：

编制说明：按年或当期编制。

47. 委托外部研究开发费用明细表，详见示例 5 - 47。

示例 5 - 47： 委托外部研究开发费用明细表如表 5 - 53 所示。

表 5 - 53　　**委托外部研究开发费用明细表**

被审计单位：				索引号：		3090 - 3	页　次：			
				编　制：			编制日期：			
审计期间：				复　核：			复核日期：			
序号	凭证号	内容	金额	RD1	RD2	RD3	RD4	RD5	RD ***	备注
1										
2										
3										
4										
5										
6										
7										
……										
合计										

审计说明：

48. 委托外部研究开发费用检查表，详见示例5－48。

示例5－48：委托外部研究开发费用检查表如表5－54所示。

表5－54　　委托外部研究开发费用检查表

被审计单位：	索引号：	3090－4	页　次：	
	编　制：		编制日期：	
审计期间：	复　核：		复核日期：	

序号	委外项目名称	账面金额	接受委托机构	机构性质	成果是否归委托企业拥有	研究项目是否与主营业务紧密相关	委托定价是否按非关联交易价格	是否经省级合同登记机关登记	项目内容是否与研发项目密切相关	备注
1										
2										
3										
4										
5										
6										
……										
合计	*		*	*	*	*	*	*	*	

检查结论：

49. 委托外部研究开发费用凭证检查表，详见示例 5－49。

示例 5－49：委托外部研究开发费用凭证检查表如表 5－55 所示。

表 5－55　　**委托外部研究开发费用凭证检查表**

被审计单位：				索引号：	3090－5	页　次：						
				编　制：		编制日期：						
审计期间：				复　核：		复核日期：						
序号	日期	凭证号	内容	明细项目	借方金额	核对内容						备注
						1	2	3	4	5	6	
1												
2												
3												
4												
……												
审计说明：								核对内容说明：				
								1. 原始凭证内容完整				
								2. 有授权批准				
								3. 账务处理正确				
								4. 与项目研发相关				
								5. 不属于跨期费用				
								6. 分配基础合理				
审计结论：												

50. 研究开发费用关联方交易统计表，详见示例5－50。

示例5－50：研究开发费用关联方交易统计表如表5－56所示。

表5－56 研究开发费用关联方交易统计表

被审计单位：		索引号：	3100	页　次：	
		编　制：		编制日期：	
审计期间：		复　核：		复核日期：	
关联方名称	年度	关联方交易内容	本期交易额	价格及定价政策	备注
合计					
填写说明：同一关联方不同交易内容应分别填列。					
审计说明：①取得企业提供的关联方关系及其交易声明书。 ②计算在发生关联交易的年度，研究开发费用中关联交易所占的比例。					
审计结论：					

51. 研究开发费用截止测试表（通用），详见示例5－51。

示例5－51：研究开发费用截止测试表（通用）如表5－57所示。

表 5-57　　研究开发费用截止测试表（通用）

被审计单位：	索引号：	3200	页　次：	
项目名称：	编制人：		编制日期：	
审计期间：	复核人：		复核日期：	

序号	日期	凭证号	内容	对应科目	金额	是否跨期 是（√）否（×）
……………………						
截止日期：20××年××月××日						
……………………						

审计说明：

第六章

对高新技术产品（服务）收入实施的进一步审计程序

对高新技术产品（服务）收入实施的进一步审计程序包括多个层面的检查和分析，以确保收入的真实性、合法性、完整性，并符合相关的会计准则和政策。

一、控制测试

（一）一般要求

由于高新技术产品（服务）收入控制测试的一般要求在性质、时间安排和范围上与研究开发费用控制测试的一般要求基本一致，具体要求参见研究开发费用控制测试的相应内容，这里不再赘述。

（二）控制测试的程序

注册会计师对内部控制的测试应当涵盖内部控制的五个要素，这里重点说明与高新技术产品（服务）收入相关的控制活动和信息系统的测试，其他要素的测试要求应当遵循《中国注册会计师审计准则第1231号——针对评估的重大错报风险采取的应对措施》（2022年12月22日修订）。

下面以示例的形式说明针对申报企业高新技术产品销售业务常见流程的相关内部控制测试。需要注意的是，由于申报企业的情况千差万别，本书中的相关内部控制测试并不可能涵盖所有情况，在执行审计业务时，注册会计师应当结合申报企业的实际情况，作出相应的调整和取舍。

1. 一般销售的控制测试程序

在高新技术产品（服务）收入的一般销售方面，申报企业的控制目标、常用的控制活动和注册会计师常用的控制测试方法和程序如表6－1所示。

表6－1 一般销售方面的控制活动与注册会计师常用的控制测试方法和程序

控制目标	申报企业控制活动	控制测试方法和程序	测试结论
已记录的销售订单内容准确	由不负责输入销售订单的人员比较销售订单数据与支持性文件是否相符	询问具有独立性的比较人员，观察比较过程，检查比较记录	
管理层核准销售订单	管理层必须审批所有销售订单，向关联方以及其他超过特定金额或毛利异常的销售应取得较高管理层核准	检查销售订单是否经过适当授权批准	
销售订单均已得到有效处理	销售订单、销售发票已连续编号，编号连续性已被核对	检查销售订单和销售发票是否连续编号并经核对	
发货记录于正确的期间	定期对仓库进行盘点	检查有关盘点记录	
	仓库信息系统不接受销售订单、销售发票和发运凭证（或提货单）期间不一致的情况	重新执行以验证仓库信息系统是否确实不接受销售订单、销售发票和发运凭证（或提货单）期间不一致的情况	
已记录的销售均已发货	销售发票开具前应与销售订单和发运凭证（或提货单）进行核对，如有不符应及时调查和处理	检查有关核对记录	

续表

控制目标	申报企业控制活动	控制测试方法和程序	测试结论
及时开具发票	开票信息系统在核对销售订单后在开具发运凭证（或提货单）时自动生成发票	观察开票过程，必要时进行重新执行	
管理层批准发票的开具和销售价格	发票的开具和销售价格的确定已经适当的授权批准	检查发票的开具和销售价格是否经适当的授权批准	
登记入账的销售数量系经核准的已发货数量	由独立人员对销售发票的编制进行内部核查	检查有关凭证上的内部核查标记	
所有销售均已登记入账	总账与辅助账根据发货自动更新	观察或重新执行发货和记账	
	销售订单、发运凭证（或提货单）和销售发票已连续编号、编号连续性已被核对	检查销售订单、发运凭证（或提货单）和销售发票是否连续编号并经核对	
	每月将销售货物的开票数与发运数调节一致	检查货物开票数与发运数调节表	
	分不同产品和客户对销售进行复核	检查分部报告	
已记录的销售均为真实发生	销售是以经过批准或审核的客户订单和发运凭证（或提货单）为依据登记入账	检查销售发票记账联是否附有客户订货单和发运凭证（或提货单）	
	定期与客户对账，如有差异应及时进行调查和处理	观察是否寄发对账单，并检查客户回函档案	
	由独立人员对应收账款明细账作内部核查	检查内部核查标记	
销售得到及时的记录	采用尽量能在销售发生时开具销售发票和登记入账的控制方法	检查尚未开具收款账单的发货和尚未登记入账的销售	
销售记录于正确的期间	及时、准确地进行结账处理	检查资产负债表日前、后发出的货物，以确保销售收入记录于正确的期间	

续表

控制目标	申报企业控制活动	控制测试方法和程序	测试结论
销售均已准确记录并对高新技术产品收入进行恰当分类	建有区分不同产品归类的专项制度和分类方法，特别是对高新技术产品收入作出明确规定	检查相关制度，询问分类方法，并检查高新技术产品是否属于国家重点支持的高新技术领域	
	对高新技术产品收入分类进行内部复核和检查	检查有关数据上的内部复核和检查标记	
	核对高新技术产品收入分类方式的变更，并已正确处理	检查变更依据	
	采用适当的会计科目记录并进行内部复核和检查	检查会计科目记录是否适当；检查有关凭证上的内部复核和检查标记	

2. 销售退回、折扣与折让的控制测试程序

在高新技术产品（服务）收入销售退回、折扣与折让方面，申报企业控制目标、常用控制活动与注册会计师常用控制测试方法和程序如表6－2所示。

表6－2　销售退回、折扣与折让方面申报企业常用控制活动与注册会计师常用控制测试方法和程序

控制目标	申报企业控制活动	控制测试方法和程序	测试结论
已记录的销售退回、折扣与折让均为真实发生	管理层制定有关销售退回、折扣与折让的政策和程序，并监督其执行	询问具体操作人员，检查相关文件资料	
已发生的销售退回、折扣与折让均已准确记录	管理层复核和批准对营业收入和应收账款的调整	检查销售退回、折扣与折让的会计处理是否经过授权批准	
已发生的销售退回、折扣与折让记录于正确期间	及时、准确地进行结账处理	检查资产负债表日前、后发生的销售退回、折扣与折让是否记录于正确期间	

续表

控制目标	申报企业控制活动	控制测试方法和程序	测试结论
已发生的销售退回、折扣与折让均已记录	定期与客户对账，如有差异应及时进行调查和处理	观察是否寄发对账单，并检查客户回函档案	
	用于记录销售退回、折扣与折让事项的表单连续编号，编号连续性已被核对	检查记录销售退回、折扣与折让事项的表单是否连续编号并经核对	

3. 维护客户档案的控制测试程序

在高新技术产品（服务）收入中维护客户档案方面，申报企业控制目标、常用控制活动与注册会计师常用控制测试方法和程序如表6－3所示。

表6－3　维护客户档案方面申报企业常用控制活动和注册会计师常用控制测试方法和程序

控制目标	申报企业控制活动	控制测试方法和程序	测试结论
对客户档案的变更均真实有效	核对客户档案变更记录和原始授权文件，确定已正确处理	检查客户档案变更记录和原始授权文件	
对客户档案变更是准确的	核对客户档案变更记录和原始授权文件，确定已正确处理	检查客户档案变更记录和原始授权文件	
对客户档案变更记录于正确的期间	变更客户档案申请应连续编号，编号顺序已被记录	检查变更客户档案申请表单连续编号的完整性	
确保客户档案数据及时更新	管理层定期复核客户档案的正确性并确保其及时更新	检查定期复核记录	

二、实质性程序

（一）一般要求

申报企业高新技术产品（服务）收入实质性程序的一般要求与研究开发费用实质性程序相同，参见第五章“对研究开发费用实施的进一步审计程序”。

（二）审计目标和实质性程序

1. 审计目标与认定的对应关系

申报企业高新技术产品（服务）收入审计的对象是申报企业编制的高新技术产品（服务）收入明细表，其审计目标与高新技术产品（服务）收入明细表认定的对应关系如下：

（1）发生。高新技术产品（服务）收入明细表中记录的收入为申报企业通过技术创新、开展研发活动而形成的符合《国家重点支持的高新技术领域》要求的产品（服务）收入且真实发生。

（2）准确性。与高新技术产品（服务）收入有关的金额和其他数据已恰当记录。

（3）完整性。所有应当记录的高新技术产品（服务）收入均已记录。

（4）截止。高新技术产品（服务）收入已记录于正确的会计期间。

（5）分类。高新技术产品（服务）收入已记录于恰当的账户。

（6）列报和披露。高新技术产品（服务）收入已按照《高新技术企业认定管理工作指引》的规定恰当地列报和披露。

2. 产品收入实质性程序

申报企业主营高新技术产品的研发、生产和销售时，高新技术产品收入通常是该企业的主要收入。基于专项审计的目的，注册会计师审计时应重点关注高新技术产品（服务）收入明细表中列报的产品收入是否属于《国家重点支持的高新技术领域》规定领域的产品收入，申报企业是否存在将一般产品收入列报为高新技术产品收入的错报风险。高新技术产品收入审计常用的实质性程序如下：

（1）获取高新技术产品（服务）收入明细表：

①复核加计是否正确，并与高新技术产品收入明细账合计数核对是否相符；

②检查以非记账本位币结算的产品收入的折算汇率及折算结果是否正确；

③取得知识产权证书（包括发明、实用新型、外观设计等的专利证书，软件著作权证书）或独占许可合同、生产批文、新产品或新技术证

明、产品质量检验报告、省级以上科技计划立项证明以及其他相关证明材料，检查产品收入是否属于《国家重点支持的高新技术领域》规定领域的产品实现的收入，必要时，应当利用专家的工作。

（2）根据实际情况，实施下列实质性分析程序：

①将本期的高新技术产品收入与上期的高新技术产品收入进行比较，分析产品销售的数量和价格变动是否异常，并分析异常变动的原因；

②比较本期各月各品种高新技术产品收入的波动情况，分析其变动趋势是否正常，是否符合申报企业的经营规律（如季节性、周期性等），查明异常现象和重大波动的原因；

③将本期主要高新技术产品的销售数量、价格、毛利率与同行业企业本期相关资料进行对比分析，检查是否存在异常；

④计算本期主要高新技术产品的毛利率并与上期比较，关注收入与成本是否配比，检查是否异常，两期之间是否存在异常波动，如有异常波动，应当查明原因。

（3）检查高新技术产品收入的确认方法是否与财务报表所采用的收入确认方法一致，是否符合适用的会计准则和相关会计制度的规定，前后各期是否保持一致；关注周期性、偶然性的高新技术产品收入是否符合既定的收入确认原则、方法。

（4）获取申报企业高新技术产品价格目录，抽查售价是否符合价格政策，并关注销售给关联方或关系密切的重要客户的产品价格是否合理，有无以高价结算的方法向申报企业转移收入的现象。

（5）抽取与高新技术产品收入相关的记账凭证，核查入账日期、品名、数量、单价、金额等是否与发票、发货单、销售合同等一致。

（6）抽取与高新技术产品收入相关的发货单，核查出库日期、品名、数量等是否与发票、销售合同、记账凭证等一致。

（7）针对毛利率异常的高新技术产品，关注其成本结转是否正常，检查相关销售合同或协议、原始凭证等相关资料，分析交易的实质，必要时对毛利率异常的大额销售进行函证。

（8）选择高新技术产品销售主要客户、本期销售增幅较大的客户、关联方客户或其他异常客户，函证本期高新技术产品销售的数量和金额。

（9）对于出口销售，应当将出口销售记录与出口报关单、货运提单、销售发票等出口销售单据进行核对，必要时向海关函证。

（10）对于软件销售，应当将软件销售记录与增值税申报表、增值税退税收入表中列示的相应计税（退税）收入核对是否相符，如不相符，应当查明原因。

（11）销售的截止测试：

①检查会计年度终了日前、后若干天的账簿记录、销售发票存根联及货运单，检查销售收入有无提前确认或延迟确认的情形；

②取得会计年度终了日后若干月内所有的销售退回记录，检查是否存在不当确认收入或提前确认收入的情形；

③结合函证程序，检查有无未取得对方认可的大额销售；

④重大跨期销售的建议调整。

（12）存在销货退回的，检查退货手续是否符合规定，结合销售凭证检查其会计处理是否正确。

（13）取得申报企业销售折扣与折让的相关资料，了解折扣与折让的具体规定，与实际执行情况进行核对；抽查大额折扣与折让发生额，检查是否经授权批准，确认其合法性、真实性；检查销售折扣与折让的会计处理是否正确。

（14）检查有无特殊的销售行为，如委托代销、分期收款销售、商品需要安装和检验的销售、附有退回条件的销售、售后租回、售后回购、以旧换新等，选择恰当的审计程序进行审核。

（15）调查向关联方销售高新技术产品的情况，记录其交易品种、价格、数量、金额和比例，并记录其占总销售收入的比例。

（16）对于财务报表汇总范围内的内部销售活动，记录应予汇总抵销的金额。

（17）获取申报企业按单一产品（服务）填报的上年度高新技术产品

（服务）情况表，加计各种产品上年度销售收入，核对其与高新技术产品（服务）收入明细表中产品收入小计数是否相符。

（18）确定高新技术产品收入的列报和披露是否恰当。

3. 技术性收入实质性程序

申报企业主营高新技术产品（服务）的研发、生产和销售时，还可能兼营技术服务、技术转让和受托技术开发等业务并取得收入。对于主营技术开发和转让、技术服务的申报企业来说，技术转让收入、技术承包收入、技术服务收入和接受委托科研收入则是其主营业务收入。基于专项审计的目的，注册会计师审计时同样应当重点关注高新技术产品（服务）收入明细表中列报的技术性收入是否属于《国家重点支持的高新技术领域》规定领域的技术收入，申报企业是否存在将非技术性收入列报为技术性收入的错报风险。技术性收入审计常用的实质性程序如下：

（1）获取高新技术产品（服务）收入明细表：

①复核加计正确，并与技术性收入明细账合计数核对是否相符；

②检查以非记账本位币结算的技术性收入的折算汇率及折算结果是否正确；

③取得知识产权证书（包括发明、实用新型、外观设计等的专利证书，软件著作权证书）或独占许可合同、生产批文、新产品或新技术证明、产品质量检验报告、省级以上科技计划立项证明以及其他相关证明材料，检查技术性收入是否属于《国家重点支持的高新技术领域》规定的技术所实现的收入，必要时，应当利用专家的工作。

（2）实质性分析程序。将本期各类技术性收入与上期技术性收入相比较，检查是否存在重大波动，如有，应当查明原因。

（3）检查技术性收入的确认方法是否与财务报表所采用的收入确认方法相一致，是否符合适用的会计准则和相关会计制度的规定，前后各期是否保持一致。

①检查技术转让收入是否在该项技术对应的无形资产所有权的主要风险和报酬转移时加以确认，包括检查相关合同或协议、财产移交手续和收款记录；

②对于当期发生并在年度内完成的技术承包、技术服务、接受委托科研等合同，检查其收入是否及时、完整地于当期确认，包括检查相关合同或协议、交易对方（技术发包方、技术服务接受方、科研委托方）的确认函或验收报告以及收款记录；

③对于当期开始提供劳务、跨期完工的技术承包、技术服务、接受委托科研等合同，检查其确认收入方法，包括检查相关合同或协议、确认文件以及收款记录，关注收入的确认方法是否合理。

（4）关注技术性收入对应的成本，如无成本或成本较少，检查相关合同或协议、原始凭证等相关资料，分析交易的实质。

（5）选择技术性收入的主要客户、本期收入增幅较大的客户、关联方客户或其他异常客户，函证本期技术性收入的业务内容及其金额。

（6）将技术性收入记录与增值税申报表中列示的应税劳务收入核对是否相符，如有不符，应当查明原因。

（7）截止测试：

①抽查会计年度终了日前、后若干天与技术性收入相关的记账凭证，实施截止测试，追踪到发票、收据，确定入账时间是否正确，对于重大跨期项目作必要的调整；

②取得会计年度终了日后若干月所有的技术性收入冲回记录，检查是否存在非实质性交易或提前确认收入的情形。

（8）调查向关联方提供的技术性收入情况，记录其交易类型、价格、金额和比例，并记录其占技术性收入总额的比例。

（9）对于财务报表汇总范围内的技术性收入，记录应予汇总抵销的金额。

（10）获取申报企业上年度高新技术产品（服务）情况表，加计各类技术性服务的上年度收入，核对其与高新技术产品（服务）收入明细表中技术性收入小计数是否相符。

（11）确定技术性收入的列报和披露是否恰当。

4. 高新技术产品（服务）收入占企业当年总收入比例的复核

根据《高新技术企业认定管理办法》的规定，高新技术企业认定必须满足“最近一个会计年度高新技术产品（服务）收入占企业当年总收入的60%以上”的条件。结合审定的高新技术产品（服务）收入，复核高新技术产品（服务）收入占企业当年总收入比例的常用程序如下：

（1）获取经具有资质的会计师事务所审计的申报企业最近一个会计年度的财务报表及申报系统打印的企业所得税年度纳税申报表。

（2）复算最近一个会计年度高新技术产品（服务）收入占申报企业当年总收入的比例，与申报企业计算的结果核对是否一致。

（三）实务中高新技术产品（服务）收入专项审计应当注意的事项

1. 如何恰当判断申报企业申报的高新技术产品（服务）是否符合《高新技术企业认定管理工作指引》规定

《高新技术企业认定管理工作指引》规定，高新技术产品（服务）是指对其发挥核心支持作用的技术属于《国家重点支持的高新技术领域》规定范围的产品（服务）。

承接高新技术企业认定专项审计时，判断申报企业所申报的高新技术产品（服务）是否为符合《高新技术企业认定管理工作指引》规定的高新技术产品（服务），注册会计师应根据申报企业提供的上年度高新技术产品（服务）情况表［按单一产品（服务）填报］及其佐证资料［包括企业高新技术产品（服务）的关键技术和技术指标的具体说明、相关的生产批文、新产品或新技术认证认可的资质证书、产品质量检测报告、对应的知识产权及其编号等材料］，以及询问企业管理层及科技人员等相关人员获取的相关情况，逐项审核对高新技术产品（服务）发挥核心支持作用的技术与《国家重点支持的高新技术领域》范围内所列技术对应关系，进行职业判断，必要时可以借助技术专家的判断。

注册会计师根据上述职业判断结果，对申报企业申报的高新技术产品（服务）的合规性作出审计结论。

2. 申报企业近三个会计年度的研究开发费用和近一个会计年度的高新技术产品（服务）收入，是否包括该申报企业下设分公司近三个会计年度

的研究开发费用和近一个会计年度的高新技术产品（服务）收入

根据《高新技术企业认定管理工作指引》规定，以申报企业法人主体为归集核算对象，申报企业近三个会计年度的研究开发费用和近一个会计年度的高新技术产品（服务）收入归集范围，包括申报企业下设的分公司，但不包括具有独立法人资格的、申报企业持有股权的子公司。

3. 如何理解把握《高新技术企业认定管理办法》和《高新技术企业认定管理工作指引》中规定的高新技术产品（服务）收入及企业主要产品（服务）的含义

①根据《高新技术企业认定管理办法》和《高新技术企业认定管理工作指引》的规定，高新技术产品（服务）收入是指企业通过技术创新、开展研发活动所形成的符合《国家重点支持的高新技术领域》要求的产品（服务）所获得的收入与企业技术性收入的总和。

"主要产品（服务）"指的是企业高新技术产品（服务）中的主要部分，对其发挥核心支持作用的技术，应属于《国家重点支持的高新技术领域》规定的范围。

②对主要产品（服务）在技术上发挥核心支持作用的知识产权的所有权属于申报企业。

③近一年高新技术产品（服务）收入占企业同期总收入的比例应不低于60%，近一年申报企业主要产品（服务）收入总额占企业同期高新技术产品（服务）收入总额比例应超过50%，否则，不符合高新技术企业认定条件。

在专项审计实务中，注册会计师应关注高新产品的区分标准是产品所使用的技术，而非产品所属领域。还需要关注申报企业所拥有的知识产权是否对高新产品（服务）起到核心支持作用。若对高新产品（服务）所使用的技术存在异议的，可与科技部门沟通，借鉴利用行业技术专家的意见。

4. 对于申报企业近三个会计年度执行不同的会计制度的情况，专项审计报告如何披露

按申报企业申报前一个会计年度执行的会计准则或会计制度，作为申报企

业近三个会计年度执行的会计准则或会计制度予以披露。同时，在研究开发费用结构明细表或高新技术产品（服务）收入明细表编制说明中增加说明段，具体说明申报企业近三个会计年度分别执行的会计准则或会计制度情况。

5. 高新技术企业认定专项审计工作中总收入的口径如何把握

《高新技术企业认定管理工作指引》规定，总收入是指收入总额减去不征税收入。收入总额与不征税收入按照《中华人民共和国企业所得税法》及《中华人民共和国企业所得税法实施条例》的规定计算。

（1）企业以货币形式和非货币形式从各种来源取得的收入，为收入总额。包括：

①销售货物收入；

②提供劳务收入；

③转让财产收入；

④股息、红利等权益性投资收益；

⑤利息收入；

⑥租金收入；

⑦特许权使用费收入；

⑧接受捐赠收入；

⑨其他收入。

（2）收入总额中的下列收入为不征税收入：

①财政拨款；

②依法收取并纳入财政管理的行政事业性收费、政府性基金；

③国务院规定的其他不征税收入。

企业从县级以上各级政府财政部门及其他部门取得的应计入收入总额的财政性资金，凡同时符合以下条件的，可以作为不征税收入：

①企业能够提供规定资金专项用途的资金拨付文件；

②财政部门或其他拨付资金的政府部门对该资金有专门的资金管理办法或具体管理要求；

③企业对该资金及以该资金发生的支出单独进行核算。

根据企业所得税法、企业所得税法实施条例及《财政部、国家税务总局关于财政性资金、行政事业性收费、政府性基金有关企业所得税政策问题的通知》（财税〔2008〕151 号）和《财政部、国家税务总局关于专项用途财政性资金企业所得税处理问题的通知》（财税〔2011〕70 号）规定，不征税收入由主管税务机关最终确定。如果政府专项资金收入符合不征税收入条件并由主管税务机关确认，则可不列入企业同期总收入；反之，则需列入总收入。

申报企业应在高新技术产品（服务）收入明细表编制说明中披露总收入的构成，会计师事务所应在出具高新技术企业认定专项审计报告时充分关注。

6. 高新技术产品（服务）收入是指通过研发和相关技术创新活动，取得的产品（服务）收入与技术性收入的总和。产品（服务）收入与技术性收入中的“技术服务收入”两项指标，应当如何正确列报

高新技术产品（服务）收入明细表的编制，以申报企业执行的会计准则或会计制度确定的高新技术产品（服务）收入会计信息为基础。通常情况下，产品（服务）收入取数于申报企业账务系统核算反映的“主营业务收入”中的产品（服务）收入；技术性收入中“技术服务收入”取数于申报企业账务系统核算反映的“其他业务收入”中的技术服务收入。

在实务中，有的申报企业未按常规进行会计核算，在其账务系统中并未区分主营业务收入与其他业务收入进行分别核算。对此，注册会计师应根据申报企业实际情况进行职业判断，提请申报企业将主业实现的高新技术产品（服务）收入，列入产品（服务）收入项目下反映；将提供技术性服务形成的高新技术产品（服务）收入，列入技术性收入项目下反映。

（四）高新技术产品（服务）收入实质性程序工作底稿的编制

在审计实践中，高新技术产品（服务）收入实质性程序的底稿编制主要包括以下内容：

1. 高新技术产品（服务）收入审计程序表，详见示例 6－1。

示例 6－1：高新技术产品（服务）收入审计程序表如表 6－4 所示。

表 6－4　　高新技术产品（服务）收入审计程序表

被审计单位：	索引号：	4010	页　　次：		
	编　制：		编制日期：		
审计期间：	复　核：		复核日期：		

一、审计目标与认定对应关系表

项　　目	财务报表认定					
	发生	完整性	准确性	截止	分类	列报和披露
1. 高新技术产品（服务）收入明细表中记录的收入为被审计单位通过技术创新、开展研发活动而形成的符合《国家重点支持的高新技术领域》要求的产品（服务）收入且真实发生；主要产品（服务）拥有自主知识产权	√					
2. 所有应当记录的高新技术产品（服务）收入均已记录		√				
3. 高新技术产品（服务）收入已记录于正确的会计期间				√		
4. 与高新技术产品（服务）收入有关的金额和其他数据已恰当记录			√			
5. 高新技术产品（服务）收入已记录于恰当的账户					√	
6. 高新技术产品（服务）收入已按照《高新技术企业认定管理工作指引》的规定恰当地列报和披露						√

续表

二、审计程序

序号	计划实施的审计程序	执行人	财务报表认定					
			发生	完整性	准确性	截止	分类	列报和披露
1	获取被审计单位提供的高新技术产品（服务）收入明细表及主要产品（服务）收入明细表： (1) 复核加计是否正确，并与经中国注册会计师审计的年度财务报表披露的产品收入、高新技术产品（服务）收入明细账及主要产品（服务）收入合计数核对是否相符； (2) 检查以非记账本位币结算的高新技术产品（服务）收入的折算汇率及折算结果是否正确； (3) 结合企业提供的知识产权汇总表、企业高新技术产品（服务）的关键技术和技术指标、生产批文、认证认可和相关资质证书、产品质量检验报告等相关材料，检查产品（服务）收入是否属于《国家重点支持的高新技术领域》规定范围的产品（服务）实现的收入，必要时，应当利用专家的工作							

续表

序号	计划实施的审计程序	执行人	财务报表认定					
			发生	完整性	准确性	截止	分类	列报和披露
2	根据实际情况，实施下列实质性分析程序： （1）将本期的高新技术产品（服务）收入与上期的高新技术产品（服务）收入进行比较，分析产品销售的数量和价格变动是否异常，并分析异常变动的原因； （2）比较本期各月各品种高新技术产品（服务）收入的波动情况，分析其变动趋势是否正常，是否符合被审计单位的经营规律（如季节性、周期性等），查明异常现象和重大波动的原因； （3）计算本期主要高新技术产品（服务）的毛利率并与上期比较，关注收入与成本是否配比，检查是否异常，两期之间是否存在异常波动，如有异常波动，应当查明原因							
3	检查高新技术产品（服务）收入的确认方法是否与财务报表所采用的收入确认方法一致，是否符合适用的会计准则和相关会计制度的规定，前后各期是否保持一致；关注周期性、偶然性的高新技术产品（服务）收入是否符合既定的收入确认原则、方法							
4	检查主要产品（服务）收入是否符合《高新技术企业认定管理工作指引》的规定							

续表

序号	计划实施的审计程序	执行人	财务报表认定					
			发生	完整性	准确性	截止	分类	列报和披露
5	获取被审计单位高新技术产品（服务）价格目录，抽查售价是否符合价格政策，并关注销售给关联方或关系密切的重要客户的产品价格是否合理，有无以高价结算的方法向被审计单位转移收入的现象							
6	抽取与高新技术产品（服务）收入相关的记账凭证，核查入账日期、品名、数量、单价、金额等是否与发票、发货单、销售合同等一致							
7	抽取与高新技术产品（服务）收入相关的发货单，核查出库日期、品名、数量等是否与发票、销售合同、记账凭证等一致							
8	重点检查高新技术产品销售主要客户、本期销售增幅较大的客户、关联方客户或其他异常客户，核实其交易真实性							
9	对于出口销售，应当将出口销售记录与电子口岸数据、货运提单、销售发票等出口销售单据进行核对，必要时向海关函证							
10	对于软件销售，应当将软件销售记录与增值税申报表、增值税退税收入表中列示的相应计税（退税）收入核对是否相符，如不相符，应当查明原因							

续表

序号	计划实施的审计程序	执行人	财务报表认定					
			发生	完整性	准确性	截止	分类	列报和披露
11	销售的截止测试： （1）检查会计年度终了日前、后若干天的账簿记录、销售发票及货运单，检查销售收入有无提前确认或延迟确认的情形； （2）取得会计年度终了日后若干月内所有的销售退回记录，检查是否存在不当确认收入或提前确认收入的情形； （3）重大跨期销售的建议调整							
12	存在销售退回的，检查手续是否符合规定，结合销售合同、销售凭证检查其会计处理是否正确							
13	取得被审计单位销售折扣与折让的相关资料，了解折扣与折让的具体规定，与实际执行情况进行核对；抽查大额折扣与折让发生额，检查是否经授权批准，确认其合法性、真实性；检查销售折扣与折让的会计处理是否正确							
14	检查有无特殊的销售行为，如委托代销、分期收款销售、商品需要安装和检验的销售、附有退回条件的销售、售后租回、售后回购、以旧换新等，选择恰当的审计程序进行审核							

续表

序号	计划实施的审计程序	执行人	财务报表认定					
			发生	完整性	准确性	截止	分类	列报和披露
15	检查向关联方销售高新技术产品（服务）的情况，记录其交易对象、价格、数量、金额和比例，并记录其占总销售收入的比例							
16	确定高新技术产品（服务）收入和主要产品（服务）收入的列报和披露是否恰当							

2. 高新技术产品（服务）收入审定表，详见示例6－2。

示例6－2：高新技术产品（服务）收入审定表如表6－5所示。

表6－5　　高新技术产品（服务）收入审定表

被审计单位：			索引号：	4020	页　次：	
			编　制：		编制日期：	
审计期间：			复　核：		复核日期：	
序号	项目名称	产品（服务）编号	本期未审数	调整数	本期审定数	其中审定主要产品（服务）收入
			1	2	3＝1＋2	
一	产品（服务）收入					
1						
2						
3						
……						
二	技术转让收入					
三	技术服务收入					
四	接受委托研究开发收入					
	合计					

审计说明：

审计结论：

3. 高新技术产品（服务）收入波动分析表，详见示例6－3。

示例6－3：高新技术产品（服务）收入波动分析表如表6－6所示。

表6－6　高新技术产品（服务）收入波动分析表

被审计单位：											索引号：	4030	页　次：		
											编　制：		编制日期：		
审计期间：											复　核：		复核日期：		
收入类别	1月	2月	3月	4月	5月	6月	7月	8月	9月	10月	11月	12月	合计	大幅或异常波动原因	备注
合　计															
审计说明：															

4. 高新技术产品（服务）毛利分析表，详见示例6-4。

示例6-4：高新技术产品（服务）毛利分析表如表6-7所示。

表6-7　　高新技术产品（服务）毛利分析表

被审计单位：													索引号：		4040	页　次：		
													编　制：			编制日期：		
审计期间：													复　核：			复核日期：		
收入类别/产品名称	本期数						上期数						增减比例					
	数量	平均售价	收入	平均成本	成本	毛利率	数量	平均售价	收入	平均成本	成本	毛利率	数量	平均售价	收入	平均成本	成本	毛利率
PS01.																		
合　计																		
审计说明：																		

注：毛利率分析为可选程序，如果被审计单位上期无高新收入，或缺少对上期高新收入的有效归集等，则无须执行该项程序或考虑实施其他分析性程序。

5. 高新技术产品（服务）收入截止测试表，详见示例 6－5。

示例 6－5： 高新技术产品（服务）收入截止测试表如表 6－8 所示。

表 6－8　　高新技术产品（服务）收入截止测试表

被审计单位：	索引号：	4050	页　　次：	
	编　　制：		编制日期：	
审计期间：	复　　核：		复核日期：	
一、测试目的	确定高新产品（服务）收入的截止是否正确，是否存在大额跨期收入情况			
二、测试步骤	1. 抽取截止日前后____张发货单追查至明细账；2. 抽取截止日前后____张凭证追查至发货单			
三、测试结果				
四、测试结论				

从发货单到明细账

编号	发货单		发票内容						明细账				是否跨期 √（×）
	日期	号码	发票号	日期	客户名称	货物名称	销售额	税额	日期	凭证号	主营业务收入	应交税费	

续表

截止日前													
截止日期：20××年××月××日													
截止日后													
从明细账到发货单													
编号	发货单		发票内容						明细账				是否跨期√（×）
	日期	号码	发票号	日期	客户名称	货物名称	销售额	税额	日期	凭证号	主营业务收入	应交税费	
截止日前													
截止日期：20××年××月××日													
截止日后													

6. 销售退回、折扣或折让检查情况表，详见示例6－6。

示例6－6：销售退回、折扣或折让检查情况表如表6－9所示。

表6－9　　销售退回、折扣或折让检查情况表

被审计单位：							索引号：	4060	页　次：				
							编　制：		编制日期：				
审计期间：							复　核：		复核日期：				
序号	日期	凭证号	客户	类别	原因	金额	审批人	原发票入账记录					备注
								发票号	品名、规格	数量	单价	金额	
				销售退回									
				折扣或折让									
审计说明：													
审计结论：													

注：特别关注期后的销售退回、折扣或折让。

7. 高新技术产品（服务）收入凭证抽查表，详见示例6－7。

示例6－7：高新技术产品（服务）收入凭证抽查表如表6－10所示。

表6－10　　高新技术产品（服务）收入凭证抽查表

<table>
<tr><td colspan="6" rowspan="2">被审计单位：</td><td>索引号：</td><td>4070</td><td colspan="4">页　次：</td><td colspan="5"></td></tr>
<tr><td>编　制：</td><td></td><td colspan="4">编制日期：</td><td colspan="5"></td></tr>
<tr><td colspan="6">审计期间：</td><td>复　核：</td><td></td><td colspan="4">复核日期：</td><td colspan="5"></td></tr>
<tr><td rowspan="2">序号</td><td rowspan="2">日期</td><td rowspan="2">凭证号</td><td rowspan="2">内容</td><td rowspan="2">明细项目</td><td rowspan="2">贷方金额</td><td rowspan="2">其中：关联交易金额</td><td rowspan="2">产品（服务）编号</td><td colspan="8">核对内容</td><td rowspan="2">备注</td></tr>
<tr><td>1</td><td>2</td><td>3</td><td>4</td><td>5</td><td>6</td><td>7</td><td>8</td></tr>
<tr><td>1</td><td></td><td></td><td></td><td></td><td></td><td></td><td></td><td></td><td></td><td></td><td></td><td></td><td></td><td></td><td></td><td></td></tr>
<tr><td>2</td><td></td><td></td><td></td><td></td><td></td><td></td><td></td><td></td><td></td><td></td><td></td><td></td><td></td><td></td><td></td><td></td></tr>
<tr><td>3</td><td></td><td></td><td></td><td></td><td></td><td></td><td></td><td></td><td></td><td></td><td></td><td></td><td></td><td></td><td></td><td></td></tr>
<tr><td>……</td><td></td><td></td><td></td><td></td><td></td><td></td><td></td><td></td><td></td><td></td><td></td><td></td><td></td><td></td><td></td><td></td></tr>
<tr><td colspan="8">审计说明：</td><td colspan="9">核对内容说明：
1. 原始凭证内容完整；2. 有授权批准；3. 账务处理正确；
4. 收入属高新技术领域；5. 与合同核对一致；
6. 不属于跨期事项；7. 有授权批准；
8. 汇率折算正确</td></tr>
<tr><td colspan="17">审计结论：</td></tr>
</table>

8. 高新技术产品（服务）收入关联方交易统计表，详见示例6－8。

示例6－8：高新技术产品（服务）收入关联方交易统计表如表6－11所示。

表6－11　　高新技术产品（服务）收入关联方交易统计表

被审计单位：	索引号：	4080	页　次：	
	编　制：		编制日期：	
审计期间：	复　核：		复核日期：	
关联方名称	产品（服务）编号	本期交易额	价格及定价政策	备注
合计				
编制说明：同一关联方不同产品（服务）的编号应分别填列				
审计说明：1. 取得企业提供的关联方关系及交易声明书				
2. 高新技术产品（服务）收入中关联交易所占的比例				
审计结论：				

第七章

完成审计工作

注册会计师应当获取充分、适当的审计证据，复核和评价审计证据以及由此得出的审计结论，作为发表审计意见、出具专项审计报告的基础。注册会计师应当以书面报告的形式清晰地表达审计意见。

在实施上述所有审计程序后，注册会计师应当汇总审计测试的结果，进行更具综合性的审计工作，如编制审计差异调整表和试算平衡表，执行分析程序，撰写审计总结以及完成审计工作底稿的复核等。在此基础上，注册会计师应当评价审计结果，在与申报企业管理层和治理层沟通后，确定应出具专项审计报告的意见类型和措辞，进而编制并致送专项审计报告，终结审计工作。

一、整理、评价审计证据

根据《中国注册会计师审计准则第 1301 号——审计证据》（2022 年 12 月 22 日修订）规定，注册会计师应当根据具体情况设计和实施恰当的审计程序，以获取充分、适当的审计证据。在形成审计意见的过程中，注册会计师的大部分工作是获取和评价审计证据。

审计证据是注册会计师为了得出审计结论和形成审计意见而使用的信息。审计证据包括申报企业会计记录所含有的信息和从其他来源获取的信息。审计证据对于支持审计意见和审计报告是必要的。审计证据在性质上具有累积性，主要是在审计过程中通过实施审计程序获取的；也可能包括从其他来源获取的信息，如以前审计或会计师事务所在客户关系和具体业务的接受与保持过程中获取的信息。除从被审计单位内部和外部其他来源获取的信息外，会计记录也是重要的审计证据来源。在某些情况下，信息的缺乏（如管理层拒绝提供注册会计师要求的声明）本身也构成审计证据，可以被注册会计师利用。

在复核和评价审计证据时，注册会计师应当根据已获取的审计证据，评价是否已对所审计的申报企业研究开发费用结构明细表和高新技术产品（服务）收入明细表整体不存在重大错报获取了合理保证。这种评价包括：

1. 是否已获取充分、适当的审计证据，并将所审计的研究开发费用结构明细表和高新技术产品（服务）收入明细表的审计风险降至可接受的低水平。

2. 已识别但尚未更正的错报的影响。

3. 研究开发费用结构明细表和高新技术产品（服务）收入明细表是否在适用的会计准则和相关会计制度框架下，按照《高新技术企业认定管理办法》和《高新技术企业认定管理工作指引》的规定编制和列报。包括：

（1）研究开发费用结构明细表和高新技术产品（服务）收入明细表中使用的术语（包括标题）是否恰当；

（2）选择和运用的会计政策是否恰当；

（3）如果管理层作出了会计估计，评价其会计估计是否合理；

（4）管理层是否完整、准确地披露了关联方及其交易；

（5）研究开发费用和高新技术产品（服务）收入（包括运用的会计政策）是否具有相关性、可靠性、可比性和可理解性；

（6）研究开发费用结构明细表和高新技术产品（服务）收入明细表的编制说明是否充分描述了编制基础、编制原则和方法；

（7）申报企业是否充分披露了所运用的重大会计政策以及管理层对监

管机构、法律或合同的特殊要求所作出的重要解释；

(8) 申报企业是否充分披露了可能对预期使用者理解研究开发费用结构明细表和高新技术产品（服务）收入明细表产生影响的所有重大交易及事项。

在复核、评价审计证据是否充分、适当时，需要考虑已确定审计程序是否按照计划全部得以实施。如果认为获取的证据不足以对研究开发费用结构明细表和高新技术产品（服务）收入明细表是否存在重大错报形成结论，或者发现研究开发费用结构明细表和高新技术产品（服务）收入明细表可能存在重大不符合编报规定的情况，注册会计师应当追加必要的审计程序。

根据申报企业的实际情况，如果认为研究开发费用结构明细表或高新技术产品（服务）收入明细表会误导信息使用者，注册会计师应当与管理层进行讨论，并考虑其对审计意见的影响。必要时，还应当与治理层进行沟通。

在完成审计工作前，注册会计师还应当按照《中国注册会计师审计准则第 1341 号——书面声明》（2022 年 12 月 22 日修订）的要求，获取管理层对研究开发费用和高新技术产品（服务）收入有重大影响的事项作出的书面声明。

二、整理、复核审计工作底稿

（一）审计工作底稿的作用

审计工作底稿是注册会计师对制定的审计计划、实施的审计程序、获取的相关审计证据，以及得出的审计结论做出的记录。审计工作底稿能够为注册会计师得出实现总体目标结论的基础提供证据，能够证明注册会计师按照审计准则和相关法律法规的规定计划和执行了审计工作。审计工作底稿还有助于项目组计划和执行审计工作；有助于负责督导的项目组成员按照《中国注册会计师审计准则第 1121 号——对财务报表审计实施的质量管理》（2020 年 11 月 19 日修订）的规定，履行指导、监督与复核审计工作的责任；便于项目组说明其执行审计工作的情况；保留对未来审计工作持续产生重大影响的事项的记录；便于会计师事务所实施项目质量复核、其他类型的项目复核以及质量管理体系中的监控活动；便于监管机构和注册会计师协会根据相关法律法规或其他相关要求，对会计师事务所实施执业质量检查。

（二）审计工作底稿的编制

注册会计师应当按照《中国注册会计师审计准则第 1131 号——审计工作底稿》（2022 年 12 月 22 日修订）的要求及时编制审计工作底稿。记录实施的审计程序和获取的审计证据。注册会计师编制的审计工作底稿，应当使未曾接触该项审计工作的有经验的专业人士清楚了解：按照审计准则和相关法律法规的规定实施的审计程序的性质、时间安排和范围；实施审计程序的结果和获取的审计证据；审计中遇到的重大事项和得出的结论，以及在得出结论时做出的重大职业判断。

在记录已实施审计程序的性质、时间安排和范围时，注册会计师应当记录：测试的具体项目或事项的识别特征；审计工作的执行人员及完成审计工作的日期；审计工作的复核人员及复核的日期和范围等。

（三）整理审计工作底稿

这里的整理审计工作底稿，是指注册会计师为确保审计质量和审计证据的充分有效，在形成审计结论和出具审计报告之前，对所收集和编制底稿的完整性、一致性、可理解性等的检查和整理。

整理审计工作底稿应遵循标准化、系统化的原则，以确保审计质量和效率。整理审计工作底稿的过程中，应注意以下几个关键点：

1. 确保完整性，即工作底稿应包含审计工作的所有重要方面，确保记录内容完整。审计人员应进行的所有审计程序、观察到的事项以及取得的所有重要证据都已经被详细记录；确认工作底稿包含了所有相关的审计证据、审计程序的执行情况以及审计结论和建议，对每一个审计目标，都有相应的底稿证据支持。

2. 维护明确性和可理解性，即每份工作底稿已经清晰记录审计程序、审计发现、证据收集和分析过程，以便其他经验相当的审计人员理解审计工作的性质、时间安排、范围、执行程序，以及如何和为何得出最终的审计结论；已经使用了清晰、专业的语言，避免不必要的术语或缩写，或者为常用的术语和缩写提供定义和解释；为每份底稿明确标注编制人、审核人、编制和审核的日期。

3. 保证组织性和系统性，即按照审计计划和底稿索引结构和逻辑、层次分明地组织底稿，并采用一致的格式模板和系统编号。

4. 保障一致性，即工作底稿应按照事先设定的格式和标准准备，以保证不同审计人员的工作底稿间的比较和理解。

5. 及时更新和整理，即在审计过程中发现的所有重要信息或变更，都应当及时更新工作底稿；在审计过程的各个阶段，都对底稿进行定期回顾和整理。

6. 确保保密性和安全性，即采取适当措施保护工作底稿的机密性和安全性，防止未授权访问；正确存档电子和纸质底稿，制定相应的访问权限和管理策略。

（四）审计工作底稿的复核

会计师事务所应当按照《会计师事务所质量管理准则第 5101 号——业务质量管理》和《会计师事务所质量管理准则第 5102 号——项目质量复核》的要求，委派符合相关资质要求的项目质量复核人员，对审计项目组做出的重大判断和据此得出的结论做出客观评价。

项目质量复核人员应在项目的各个阶段（如计划阶段、执行阶段和报告阶段）及时复核业务工作底稿，可以使相关问题能够在报告日或报告日之前得到迅速、满意的解决。例如，项目质量复核人员可以在计划阶段完成时，针对项目的总体策略和具体计划实施复核程序。及时实施项目质量复核也可以强化项目组在计划和执行项目的过程中对职业判断和职业怀疑的运用。

在实施项目质量复核时，项目质量复核人员可能会注意到一些原本预期项目组会做出重大判断，而项目组未做出重大判断的其他领域，项目质量复核人员可能需要针对项目组实施的程序和得出的结论获取进一步信息。在这种情况下，项目组在与项目质量复核人员进行讨论后，可能认为需要实施额外的程序。

根据《会计师事务所质量管理准则第5102号——项目质量复核》应用指南的规定，项目质量复核的实施和已完成的通知可以采用多种方式在工作底稿中记录。例如，项目质量复核人员可以在业务执行所使用的信息技术应用程序中以电子形式记录对业务工作底稿的复核，也可以采用备忘录的形式记录复核情况。项目质量复核人员实施的复核程序也可以采用其他方式进行记录，例如，在项目质量复核人员出席的项目组讨论会纪要中进行记录等。

在审计实践中，完成审计工作的底稿编制主要包括以下内容：

1. 完成阶段工作程序表，详见示例7－1。

示例7－1：完成阶段工作程序表如表7－1所示。

表7－1　　完成阶段工作程序表

被审计单位：	索引号：	5010	页　次：	
	编　制：		编制日期：	
审计期间：	复　核：		复核日期：	
审计程序	执行	日期	索引	
1. 编制未更正错报汇总表			5032	
2. 与被审计单位管理层和治理层沟通				
3. 获取管理层声明书			5030	
4. 确定应出具专项审计报告的意见类型和措辞			5040	
5. 撰写审计总结			5050	
6. 编制专项审计报告初稿				
7. 业务复核核对			5060	
8. 签发出具专项审计报告				
9. 终结审计工作				

2. 指标复算工作程序表，详见示例7－2。

示例7－2：指标复算工作程序表如表7－2所示。

表7－2　　指标复算工作程序表

被审计单位：	索引号：	5020	页　次：
	编　制：		编制日期：
审计期间：	复　核：		复核日期：

序号	实质性程序	是否选择	索引号
1	研究开发费用总额占销售收入总额比例的复核： 根据《高新技术企业认定管理办法》的规定，高新技术企业认定必须满足最近三个会计年度研究开发费用总额占销售收入总额一定比例的要求，具体要求如下： （1）最近一年销售收入小于5000万元的企业，比例不低于5%； （2）最近一年销售收入在5000万元至20000万元的企业，比例不低于4%； （3）最近一年销售收入在20000万元以上的企业，比例不低于3%。 其中，企业在中国境内发生的研究开发费用总额占全部研究开发费用总额的比例不低于60%		
2	获取经具有资质的会计师事务所审计的申报企业最近三个会计年度的财务报表		
3	复算最近三个会计年度的销售收入。根据《高新技术企业认定申请书》填报说明，销售收入是指产品收入和技术服务收入之和		
4	复算加计最近三个会计年度的研究开发费用		
5	复算在中国境内发生的研究开发费用总额占全部研究开发费用总额的比例，与被审计单位计算的结果核对是否一致		

3. 研究开发费用汇总表，详见示例7－3。

示例7－3：研究开发费用汇总表如表7－3所示。

表7－3　　研究开发费用汇总表

被审计单位：	索引号：	5020－1	页　　次：	
	编　制：		编制日期：	
审计期间：	复　核：		复核日期：	

序号	项目	RD1	RD2	RD3	RD4	RD5	RD ***	小计
1	人员人工							
2	直接投入							
3	折旧费用与长期待摊费用摊销							
4	无形资产摊销							
5	设计费用							
6	装备调试费用与试验费用							
7	其他费用							
8	委托外部研究开发费用							
	合计							

审计说明：

编制说明：三期汇总。

4. 研究开发费用指标复核验算表，详见示例7－4。

示例7－4：研究开发费用指标复核验算表如表7－4所示。

表7－4　　研究开发费用指标复核验算表

<table>
<tr><td colspan="2" rowspan="2">被审计单位：</td><td>索引号：</td><td>5020－2</td><td>页　　次：</td><td></td></tr>
<tr><td>编　制：</td><td></td><td>编制日期：</td><td></td></tr>
<tr><td colspan="2">审计期间：</td><td>复　核：</td><td></td><td>复核日期：</td><td></td></tr>
<tr><td colspan="6">一、主要财务数据</td></tr>
<tr><td>序号</td><td>项目</td><td>20×1年度</td><td>20×2年度</td><td>20×3年度</td><td>合计</td></tr>
<tr><td>1</td><td>资产总额</td><td></td><td></td><td></td><td>—</td></tr>
<tr><td>2</td><td>负债总额</td><td></td><td></td><td></td><td>—</td></tr>
<tr><td>3</td><td>净资产</td><td></td><td></td><td></td><td>—</td></tr>
<tr><td>4</td><td>销售收入</td><td></td><td></td><td></td><td></td></tr>
<tr><td colspan="6">二、高新产品（服务）收入及总收入</td></tr>
<tr><td>5</td><td>高新技术产品（服务）收入</td><td></td><td></td><td></td><td></td></tr>
<tr><td>6</td><td>总收入</td><td></td><td></td><td></td><td></td></tr>
<tr><td>6.1</td><td>其中：销售货物收入</td><td></td><td></td><td></td><td></td></tr>
<tr><td>6.2</td><td>提供劳务收入</td><td></td><td></td><td></td><td></td></tr>
<tr><td>6.3</td><td>转让财产收入</td><td></td><td></td><td></td><td></td></tr>
<tr><td>6.4</td><td>股息、红利等权益性投资收益</td><td></td><td></td><td></td><td></td></tr>
<tr><td>6.5</td><td>利息收入</td><td></td><td></td><td></td><td></td></tr>
<tr><td>6.6</td><td>租金收入</td><td></td><td></td><td></td><td></td></tr>
<tr><td>6.7</td><td>特许权使用费收入</td><td></td><td></td><td></td><td></td></tr>
<tr><td>6.8</td><td>接受捐赠收入</td><td></td><td></td><td></td><td></td></tr>
<tr><td>6.9</td><td>其他收入（如汇兑收益）</td><td></td><td></td><td></td><td></td></tr>
<tr><td>7</td><td>减：不征税收入</td><td></td><td></td><td></td><td></td></tr>
<tr><td colspan="6">三、研究开发费用</td></tr>
<tr><td>8</td><td>审定研究开发费用</td><td></td><td></td><td></td><td></td></tr>
<tr><td></td><td>占销售收入比例</td><td></td><td></td><td></td><td></td></tr>
</table>

审计说明：

5. 研究开发费用差异明细及说明，详见示例7-5。

示例7-5： 研究开发费用差异明细及说明如表7-5所示。

表7-5　　　　研究开发费用差异明细及说明

<table>
<tr><td colspan="4" rowspan="2">被审计单位：</td><td>索引号：</td><td>5020-3</td><td>页　次：</td><td></td></tr>
<tr><td>编　制：</td><td></td><td>编制日期：</td><td></td></tr>
<tr><td colspan="4">审计期间：</td><td>复　核：</td><td></td><td>复核日期：</td><td></td></tr>
<tr><td rowspan="2">序号</td><td rowspan="2">报告类型</td><td colspan="2">20×1 年度</td><td colspan="2">20×2 年度</td><td colspan="2">20×3 年度</td></tr>
<tr><td>报告文号</td><td>研发费用金额</td><td>报告文号</td><td>研发费用金额</td><td>报告文号</td><td>研发费用金额</td></tr>
<tr><td>1</td><td>年度审计报告</td><td></td><td></td><td></td><td></td><td></td><td></td></tr>
<tr><td>2</td><td>年度企业所得税申报表中期间费用明细表中的研究开发费用</td><td></td><td></td><td></td><td></td><td></td><td></td></tr>
<tr><td>3</td><td>高新技术企业认定研发费用专项审计报告</td><td></td><td></td><td></td><td></td><td></td><td></td></tr>
<tr><td colspan="8">审计说明：</td></tr>
</table>

6. 管理层声明书，详见示例7-6。

示例7-6： 管理层声明书如下：

管理层声明书

××会计师事务所并××、××注册会计师：

本公司已委托贵事务所对本公司20×1年度、20×2年度、20×3年度的研究开发费用结构明细表，20×3年度的高新技术产品（服务）收入明细表（以下简称“申报明细表”）进行审计，并出具专项审计报告。

为配合贵事务所的审计工作，本公司就已知的全部事项作出如下声明：

1. 本公司承诺，在企业会计准则框架下，按照《高新技术企业认定管理办法》和《高新技术企业认定管理工作指引》的规定，如实编制研究开发费用结构明细表和高新技术产品（服务）收入明细表及其编制说明是我们的责任。这种责任包括：

(1) 设计、实施和维护与研究开发费用结构明细表和高新技术产品(服务)收入明细表相关的内部控制，以使研究开发费用结构明细表和高新技术产品（服务）收入明细表不存在由于舞弊或错误而导致的重大错报；

(2) 选择和运用恰当的会计政策；

(3) 作出合理的会计估计；

(4) 恰当界定研究开发项目、高新技术产品（服务）的具体范围。

2. 本公司已按照有关规定编制了研究开发费用结构明细表和高新技术产品（服务）收入明细表，本公司管理层对上述申报明细表的真实性、合法性和完整性承担责任。本公司承诺上述申报明细表不存在重大错报。贵事务所在审计过程中发现的未更正错报，无论是单独还是汇总起来，对上述申报明细表整体均不具有重大影响。未更正错报汇总表附后。

3. 本公司已向贵事务所提供了：

(1) 与编制上述申报明细表相关的全部财务信息和其他相关数据；

(2) 与高新技术研究开发和高新技术产品（服务）收入相关的决议、合同、协议、章程等相关资料；

(3) 与高新技术研究开发和高新技术产品（服务）收入相关的全部股东会和董事会的会议记录；

(4) 就运用的重大会计政策以及管理层对监管机构、法律法规或合同的特殊要求所作出的重要解释。

4. 本公司所有高新技术研究开发支出和高新技术产品（服务）收入均已按规定入账，不存在账外资产或未计负债。

5. 本公司已根据企业会计准则的规定识别和披露了所有重大关联方交易，并已恰当地反映在本公司编制的高新技术产品（服务）收入明细表编制说明中。

本公司已提供所有与关联方及其交易相关的资料。

6. 本公司已提供全部或有事项的相关资料。除财务报表附注中披露的事项外，本公司不存在其他应披露而未披露的与高新技术研究开发、高新技术产品销售与劳务提供相关的诉讼、赔偿、承兑、担保等或有事项。

7. 除财务报表附注中披露的承诺事项外，本公司不存在其他应披露而未披露的承诺事项。

8. 本公司不存在未披露的影响申报明细表公允性的重大不确定事项。

9. 本公司已采取必要措施防止或发现舞弊及其他违反法规行为，未发现：

（1）涉及管理层的任何舞弊行为或舞弊嫌疑的信息；

（2）涉及对内部控制产生重大影响的员工的任何舞弊行为或舞弊嫌疑的信息；

（3）涉及对申报明细表的编制具有重大影响的其他人员的任何舞弊行为或舞弊嫌疑的信息。

10. 本公司严格遵守了合同规定的条款，不存在因未履行合同而对申报明细表产生重大影响的事项。

11. 本公司已提供上述申报明细表日后事项的相关资料，除财务报表附注中披露的日后事项外，本公司不存在其他应披露而未披露的重大日后事项。

12. 本公司管理层确信：

（1）对单独占有的核心知识产权不存在任何纠纷；

（2）无高新技术研究开发方面的任何权属纠纷。

××公司（盖章）

法定代表人：（签名）

财务负责人：（签名）

技术负责人：（签名）

二〇×四年××月××日

7. 与申报明细表相关的关联方及其交易声明书，详见示例7－7。

示例7－7：与申报明细表相关的关联方及其交易声明书如表7－6所示。

表7－6　与申报明细表相关的关联方及其交易声明书　索引号：5031

与本公司20×1年、20×2年、20×3年研究开发费用和20×3年度高新技术产品（服务）收入相关的关联方关系及关联交易情况如下：

一、关联方关系汇总

关联方名称（全称）	注册地点	主营业务	与本单位关系	经济性质或类型	法定代表人	是否存在控制关系	持股比例

二、与申报明细表相关的关联交易汇总

关联方名称	发生年度	关联交易情况		收付款情况		备注
		交易内容	交易金额	已收款/付款金额	未收款/付款金额	

单位名称（盖章）：

日期：

注：①本表填列与关联方之间发生的与本单位最近3年研究开发费用和最近1年高新技术产品（服务）收入相关的交易金额。

②关联交易的内容按照购买或销售资产、提供或接受劳务、代理、租赁、提供资金、提供担保抵押、管理方面的合同、研究和开发项目的转移、许可协议等分别填列，并在备注栏中说明交易金额对被审计单位最近3年研究开发费用和最近1年高新技术产品（服务）收入的影响。

8. 未更正错报汇总表，详见示例7－8。

示例7－8：未更正错报汇总表如表7－7所示。

表7－7　　　　　　　　　　　未更正错报汇总表

被审计单位：	索引号：	5032	页　次：	
	编制：		编制日期：	
审计期间：	复核：		复核日期：	
未更正借报的影响：				

项目	项目金额	未调整金额	未调整金额比率	备注
高新技术产品（服务）收入				
研究开发费用支出				

结论：	未更正错报单独或汇总起来不构成重大错报　　（　）
	未更正错报单独或汇总起来构成重大错报　　（　）

序号	内容及说明	索引号	项目	二级明细	未调整金额	备注

9. 专项审计报告类型确定，详见示例7－9。

示例7－9：专项审计报告类型确定如表7－8所示。

表7－8　　专项审计报告类型确定

<table>
<tr><td rowspan="2">被审计单位：</td><td>索引号：</td><td>5040</td><td>页　　次：</td><td></td></tr>
<tr><td>编　制：</td><td></td><td>编制日期：</td><td></td></tr>
<tr><td>审计期间：</td><td>复　核：</td><td></td><td>复核日期：</td><td></td></tr>
</table>

一、审计情况

序号	项目	是	否	备注
1	研究开发费用结构明细表和高新技术产品（服务）收入明细表已在适用的会计准则和相关会计制度框架下，按照《高新技术企业认定管理办法》和《高新技术企业认定管理工作指引》的规定编制，在所有重大方面公允反映了被审计单位在所审计期间的研究开发费用和高新技术产品（服务）收入			
2	已经按照中国注册会计师审计准则的规定计划和实施审计工作，在审计过程中未受到限制			
3	存在可能对研究开发费用结构明细表和高新技术产品（服务）收入明细表产生重大影响，但被审计单位进行了恰当的处理，且在申报明细表及其编制说明中作了充分披露			
4	注册会计师与管理层在有关研究开发费用或高新技术产品（服务）收入的会计政策的选用、会计估计的作出或披露方面存在分歧，或者认为管理层未按照《高新技术企业认定管理办法》和《高新技术企业认定管理工作指引》的规定编制研究开发费用结构明细表和高新技术产品（服务）收入明细表，虽影响重大，但不至于出具否定意见的专项审计报告			

续表

序号	项目	是	否	备注
5	审计范围受到限制，不能获取充分、适当的审计证据，虽影响重大，但不至于出具无法表示意见的专项审计报告			
6	研究开发费用或高新技术产品（服务）收入的会计政策的选用、会计估计的作出或披露不符合适用的会计准则和相关会计制度，或者认为研究开发费用结构明细表和高新技术产品（服务）收入明细表未按照《高新技术企业认定管理办法》和《高新技术企业认定管理工作指引》的规定编制，未能在所有重大方面公允反映被审计单位在所审计期间的研究开发费用和高新技术产品（服务）收入			
7	审计范围受到限制可能产生的影响非常重大和广泛，不能获取充分、适当的审计证据，以至于无法对研究开发费用结构明细表和高新技术产品（服务）收入明细表发表审计意见			

二、审计结论

1	符合1、2项，出具无保留意见的专项审计报告。（　　）
2	符合3项，出具带强调事项段的专项审计报告。（　　）
3	符合4、5项，出具保留意见的专项审计报告。（　　）
4	符合6项，出具否定意见的专项审计报告。（　　）
5	符合7项，出具无法表示意见的专项审计报告。（　　）
6	其他需说明事项：

10. 审计工作总结，详见示例 7－10。

示例 7－10： 审计工作总结如表 7－9 所示。

表 7－9　　审计工作总结

被审计单位：	索引号：	5050	页　次：	
	编　制：		编制日期：	
审计期间：	复　核：		复核日期：	

一、审计基本情况

（1）项目是否按计划如期完成：

是　否　原因：

（2）人员分工安排是否合理：

是　否　原因：

（3）审查范围是否与计划一致：

是　否　原因：

（4）项目风险评估：

是　否　原因：

（5）重要性水平的确定：

20×1 年研究开发费用总额______%，20×2 年研究开发费用总额______%，20×3 年研究开发费用总额______%。

20×1 年高新技术产品（服务）收入总额______%，20×2 年高新技术产品（服务）收入总额______%，20×3 年高新技术产品（服务）收入总额______%。

二、审计中发现的重大事项及其处理

1. 未发现问题
2. 已提请被审计单位进行调整处理
3. 相关问题将在专项审计报告或编制说明中进行披露

……

三、审计结论

（1）出具的报告类型：

（2）被审计单位是否已经采纳审计调整意见：

原因：

11. 业务复核核对表，详见示例7－11。

示例7－11：业务复核核对表如表7－10所示。

表7－10　　业务复核核对表

<table>
<tr><td colspan="3" rowspan="2">被审计单位：</td><td>索引号：</td><td colspan="2">5060</td><td>页　次：</td><td>1</td></tr>
<tr><td>编　制：</td><td colspan="2"></td><td>编制日期：</td><td></td></tr>
<tr><td colspan="3">审计期间：</td><td>复　核：</td><td colspan="2"></td><td>复核日期：</td><td></td></tr>
<tr><td colspan="3">复核事项</td><td>是</td><td>否</td><td colspan="2">不适用</td><td>备注</td></tr>
<tr><td colspan="8">一、项目负责经理复核</td></tr>
<tr><td>1</td><td colspan="2">是否已复核已完成的审计计划，以及导致对审计计划作出重大修改的事项</td><td></td><td></td><td colspan="2"></td><td></td></tr>
<tr><td>2</td><td colspan="2">是否已复核重要的申报明细表项目</td><td></td><td></td><td colspan="2"></td><td></td></tr>
<tr><td>3</td><td colspan="2">是否已复核关联方交易等</td><td></td><td></td><td colspan="2"></td><td></td></tr>
<tr><td>4</td><td colspan="2">是否已复核建议调整事项</td><td></td><td></td><td colspan="2"></td><td></td></tr>
<tr><td>5</td><td colspan="2">是否已复核审计小结</td><td></td><td></td><td colspan="2"></td><td></td></tr>
<tr><td>6</td><td colspan="2">是否已复核已审计申报明细表和拟出具的审计报告</td><td></td><td></td><td colspan="2"></td><td></td></tr>
<tr><td>7</td><td colspan="2">实施上述复核后，是否可以确定下列事项：</td><td></td><td></td><td colspan="2"></td><td></td></tr>
<tr><td></td><td>(1)</td><td>审计工作底稿是否已获取充分、适当的审计证据，并将所审计的研究开发费用结构明细表和高新技术产品(服务)收入明细表的审计风险降至可接受的低水平</td><td></td><td></td><td colspan="2"></td><td></td></tr>
<tr><td></td><td>(2)</td><td>已按照《中国注册会计师审计准则》和《高新技术企业认定专项审计指引》完成审计工作</td><td></td><td></td><td colspan="2"></td><td></td></tr>
<tr><td></td><td>(3)</td><td>对重大错报风险的评估及采取的应对措施是恰当的，针对存在特别风险的审计领域，设计并实施了针对性的审计程序，且得出了恰当的审计结论</td><td></td><td></td><td colspan="2"></td><td></td></tr>
<tr><td></td><td>(4)</td><td>作出的重大判断恰当合理</td><td></td><td></td><td colspan="2"></td><td></td></tr>
<tr><td></td><td>(5)</td><td>提出的建议调整事项恰当</td><td></td><td></td><td colspan="2"></td><td></td></tr>
<tr><td></td><td>(6)</td><td>未更正错报无论是单独还是汇总起来对申报明细表整体均不具有重大影响</td><td></td><td></td><td colspan="2"></td><td></td></tr>
</table>

续表

	(7)	研究开发费用结构明细表和高新技术产品（服务）收入明细表是否在适用的会计准则和相关会计制度框架下，按照《高新技术企业认定管理办法》和《高新技术企业认定管理工作指引》的规定编制和列报				
	(8)	已按照《中国注册会计师审计准则》和《高新技术企业认定专项审计指引》的规定发表了恰当的审计意见，拟出具的审计报告措辞恰当				
签字：			日期：			
二、项目负责合伙人复核						
1	是否已复核已完成的审计计划，以及导致对审计计划作出重大修改的事项					
2	是否已复核存在特别风险的审计领域，以及项目组采取的应对措施					
3	是否已复核项目组作出的重大判断					
4	是否已复核建议调整事项					
5	是否已复核审计小结					
6	是否已复核已审计申报明细表和拟出具的审计报告					
7	实施上述复核后，是否可以确定：					
	(1)	对项目负责经理实施的复核结果满意				
	(2)	对重大错报风险的评估及采取的应对措施是恰当的，针对存在特别风险的审计领域，设计并实施了针对性的审计程序，且得出了恰当的审计结论				
	(3)	项目组作出的重大判断恰当合理				
	(4)	提出的建议调整事项恰当合理，未更正错报无论是单独还是汇总起来对申报明细表整体均不具有重大影响				

续表

	(5)	已审计申报明细表的编制符合《高新技术企业认定管理办法》和《高新技术企业认定管理工作指引》的规定，在所有重大方面公允反映了被审计单位的高新技术产品（服务）收入和研究开发费用情况				
	(6)	已按照《中国注册会计师审计准则》和《高新技术企业认定专项审计指引》的规定发表了恰当的审计意见，拟出具的审计报告措辞恰当				
签字：			日期：			
三、项目质量控制复核						
1		项目质量控制复核之前进行的复核是否均已得到满意的执行				
2		是否已复核项目组针对本业务对本所独立性作出的评价，并认为该评价是恰当的				
3		是否已复核项目组在审计过程中识别的特别风险以及采取的应对措施，包括项目组对舞弊风险的评估及采取的应对措施，认为项目组作出的判断和应对措施是恰当的				
4		是否已复核项目组作出的判断，包括关于重要性和特别风险的判断，认为这些判断恰当合理				
5		是否确定项目组已就存在的意见分歧、其他疑难问题或争议事项进行适当咨询，且咨询得出的结论是恰当的				
6		是否已复核项目组与管理层和治理层沟通的记录以及拟与其沟通的事项，对沟通情况表示满意				
7		是否认为所复核的审计工作底稿反映了项目组针对重大判断执行的工作，能够支持得出的结论				
8		是否已复核审计后的申报明细表和拟出具的审计报告，认为审计后的申报明细表符合《高新技术企业认定管理办法》和《高新技术企业认定管理工作指引》的规定，拟出具的审计报告已按照中国注册会计师审计准则的规定发表了恰当的审计意见				
签字：			日期：			

三、专项审计报告的要素

注册会计师执行高新技术企业认定专项审计业务，应当针对研究开发费用结构明细表、高新技术产品（服务）收入明细表分别出具专项审计报告。专项审计报告应当包括下列要素：（1）标题；（2）收件人；（3）引言段；（4）管理层的责任段；（5）注册会计师的责任段；（6）说明段；（7）审计意见段；（8）编制基础及使用限制段；（9）注册会计师的签名和盖章；（10）会计师事务所的名称、地址及盖章；（11）报告日期。

（一）标题

专项审计报告的标题应当统一规范为“专项审计报告”。

（二）收件人

专项审计报告的收件人是指注册会计师按照专项审计业务约定书的要求致送专项审计报告的对象，一般是指申报企业。专项审计报告应当载明收件人的全称。

注册会计师应当与申报企业在专项审计业务约定书中约定致送专项审计报告的对象，以防止在此问题上发生分歧或专项审计报告被申报企业滥用。

（三）引言段

专项审计报告的引言段应当说明申报企业的名称以及《研究开发费用结构明细表》和《高新技术产品（服务）收入明细表》已经过审计，并包括下列内容：

（1）指出所审计申报明细表的名称；

（2）提及申报明细表编制说明；

（3）指明申报明细表的涵盖期间。

（四）管理层的责任段

管理层的责任段应当说明，在适用的会计准则和相关会计制度框架下，按照《高新技术企业认定管理办法》和《高新技术企业认定管理工作指引》的规定，如实编制《研究开发费用结构明细表》和《高新技术产品（服务）收入明细表》是管理层的责任。这种责任包括：

1. 设计、实施和维护与《研究开发费用结构明细表》和《高新技术产品（服务）收入明细表》相关的内部控制，以使《研究开发费用结构明细表》和《高新技术产品（服务）收入明细表》不存在由于舞弊或错误而导致的重大错报；

2. 选择和运用恰当的会计政策；

3. 作出合理的会计估计；

4. 恰当界定研究开发项目、高新技术产品（服务）的具体范围。

（五）注册会计师的责任段

注册会计师的责任段应当说明下列内容：

1. 注册会计师的责任是在实施审计工作的基础上对《研究开发费用结构明细表》和《高新技术产品（服务）收入明细表》发表审计意见。注册会计师按照《高新技术企业认定专项审计指引》的规定执行了审计工作。《高新技术企业认定专项审计指引》要求注册会计师遵守职业道德规范，计划和实施审计工作以对《研究开发费用结构明细表》和《高新技术产品（服务）收入明细表》是否不存在重大错报获取合理保证。

2. 审计工作涉及实施审计程序，以获取有关《研究开发费用结构明细表》和《高新技术产品（服务）收入明细表》金额和披露的审计证据。选择的审计程序取决于注册会计师的判断，包括对由于舞弊或错误导致的《研究开发费用结构明细表》和《高新技术产品（服务）收入明细表》重大错报风险的评估。在进行风险评估时，注册会计师考虑与《研究开发费用结构明细表》和《高新技术产品（服务）收入明细表》编制相关的内部控制，以设计恰当的审计程序，但目的并非对内部控制的有效性发表意见。审计工作还包括评价管理层选用会计政策的恰当性和作出会计估计的合理性，以及评价《研究开发费用结构明细表》和《高新技术产品（服务）收入明细表》的总体列报。

3. 注册会计师相信已获取的审计证据是充分、适当的，为其发表审计意见提供了基础。

（六）说明段

当出具非无保留意见的专项审计报告时，注册会计师应当在注册会计师的责任段之后、审计意见段之前增加说明段，清楚地说明导致发表保留意见、否定意见或无法发表意见的所有原因，并在可能的情况下，指出其对《研究开发费用结构明细表》和《高新技术产品（服务）收入明细表》的影响程度。

（七）审计意见段

审计意见段应当说明，研究开发费用结构明细表［高新技术产品（服务）收入明细表］是否在适用的会计准则和相关会计制度框架下，按照《高新技术企业认定管理办法》和《高新技术企业认定管理工作指引》的规定编制，是否在所有重大方面公允反映了申报企业在所审计期间的研究开发费用或高新技术产品（服务）收入情况。

（八）编制基础及使用限制段

编制基础及使用限制段应当说明《研究开发费用结构明细表》和《高新技术产品（服务）收入明细表》是在适用的会计准则和相关会计制度框架下，按照《高新技术企业认定管理办法》和《高新技术企业认定管理工作指引》的规定编制的，可能不适用于其他目的。专项审计报告仅供申报企业申报高新技术企业认定时使用，不得用于其他目的。

（九）注册会计师的签名和盖章

专项审计报告应当由两名符合条件的注册会计师签名并盖章。

（十）会计师事务所的名称、地址及盖章

专项审计报告应当载明会计师事务所的名称和地址，并加盖会计师事务所公章。

（十一）报告日期

专项审计报告应当注明报告日期。专项审计报告的日期不应早于注册会计师获取充分、适当的审计证据（包括管理层认可对《研究开发费用结构明细表》和《高新技术产品（服务）收入明细表》的责任且已批准申报明细表的证据），并在此基础上对《研究开发费用结构明细表》和《高新技术产品（服务）收入明细表》形成审计意见的日期。

注册会计师在确定专项审计报告日期时，应当考虑：（1）应当实施的审计程序已经完成；（2）应当提请申报企业调整的事项已经提出，申报企业已经作出调整或拒绝作出调整；（3）管理层已经正式签署《研究开发费用结构明细表》和《高新技术产品（服务）收入明细表》。

注册会计师应当将已审计的《研究开发费用结构明细表》和《高新技术产品（服务）收入明细表》及其编制说明分别附于相应的专项审计报告后。《研究开发费用结构明细表》和《高新技术产品（服务）收入明细表》及其编制说明的格式分别参见本书第五章和第六章相关内容。

四、专项审计报告的类型

高新技术企业认定专项审计业务的专项审计报告可以分为无保留意见的审计报告、保留意见的审计报告、否定意见的审计报告和无法表示意见的审计报告。

当注册会计师出具的无保留意见的审计报告不附加说明段、强调事项段或任何修饰性用语时，该报告称为标准专项审计报告。非标准专项审计报告是指标准专项审计报告以外的其他专项审计报告，包括带强调事项段的无保留意见的专项审计报告和非无保留意见的专项审计报告。非无保留意见的专项审计报告包括保留意见的专项审计报告、否定意见的专项审计报告和无法表示意见的专项审计报告。

（一）无保留意见的专项审计报告

1. 出具无保留意见专项审计报告的条件

如果认为《研究开发费用结构明细表》和《高新技术产品（服务）收入明细表》符合下列所有条件，注册会计师应当出具无保留意见的专项审计报告：

（1）《研究开发费用结构明细表》和《高新技术产品（服务）收入明细表》已在适用的会计准则和相关会计制度框架下，按照《高新技术企业认定管理办法》和《高新技术企业认定管理工作指引》的规定编制，在所有重大方面公允反映了申报企业在所审计期间的研究开发费用和高新技术产品（服务）收入情况；

（2）注册会计师已经按照中国注册会计师审计准则的规定计划和实施审计工作，在审计过程中未受到限制。

当出具无保留意见的专项审计报告时，注册会计师应当以“我们认为”作为意见段的开头，并使用“在所有重大方面”“公允反映”等术语。

无保留意见的专项审计报告意味着，注册会计师通过实施审计工作，认为申报企业的《研究开发费用结构明细表》和《高新技术产品（服务）收入明细表》的编制符合合法性和公允性的要求，合理保证其不存在重大错报。

2. 无保留意见专项审计报告的格式

（1）针对《研究开发费用结构明细表》的无保留意见专项审计报告参见示例 7－12。

示例7-12：无保留意见专项审计报告如下：

专项审计报告

ABC有限公司：

我们审计了后附的ABC有限公司（以下简称“ABC公司”）20×1年度、20×2年度和20×3年度的研究开发费用结构明细表及有关编制说明。

一、管理层的责任

在企业会计准则框架下，按照《高新技术企业认定管理办法》和《高新技术企业认定管理工作指引》的规定，如实编制研究开发费用结构明细表，是申报企业管理层的责任。这种责任包括：（1）设计、实施和维护与研究开发费用结构明细表相关的内部控制，以使研究开发费用结构明细表不存在由于舞弊或错误而导致的重大错报；（2）选择和运用恰当的会计政策；（3）作出合理的会计估计；（4）恰当界定研究开发项目的具体范围。

二、注册会计师的责任

我们的责任是在实施审计工作的基础上对研究开发费用结构明细表发表审计意见。我们按照《高新技术企业认定专项审计指引》的规定执行了审计工作。《高新技术企业认定专项审计指引》要求我们遵守职业道德规范，计划和实施审计工作以对研究开发费用结构明细表是否不存在重大错报获取合理保证。

审计工作涉及实施审计程序，以获取有关研究开发费用结构明细表金额和披露的审计证据。选择的审计程序取决于注册会计师的判断，包括对由于舞弊或错误导致的研究开发费用结构明细表重大错报风险的评估。在进行风险评估时，我们考虑与研究开发费用结构明细表编制相关的内部控制，以设计恰当的审计程序，但目的并非对内部控制的有效性发表意见。审计工作还包括评价管理层选用相关会计政策的恰当性和作出相关会计估计的合理性，以及评价研究开发费用结构明细表的总体列报。

我们相信，我们获取的审计证据是充分、适当的，为发表审计意见提供了基础。

三、审计意见

我们认为，ABC 公司 20×1 年度、20×2 年度和 20×3 年度的研究开发费用结构明细表已在企业会计准则框架下，按照《高新技术企业认定管理办法》和《高新技术企业认定管理工作指引》的规定编制，在所有重大方面公允反映了 ABC 公司在所审计期间的研究开发费用情况。

四、编制基础及使用限制

我们注意到如研究开发费用结构明细表编制说明第××所述，ABC 公司 20×1 年度、20×2 年度和 20×3 年度的研究开发费用结构明细表是在企业会计准则框架下，按照《高新技术企业认定管理办法》和《高新技术企业认定管理工作指引》的规定编制的，可能不适用于其他目的。本报告仅供 ABC 公司申报高新技术企业认定时使用，不得用于其他目的。本段内容不影响已发表的审计意见。

××会计师事务所	中国注册会计师：×××
（盖章）	（签名并盖章）
	中国注册会计师：×××
	（签名并盖章）
中国××市	二〇×四年××月××日

（2）针对高新技术产品（服务）收入明细表的无保留意见专项审计报告参见示例 7-13。

示例 7-13：无保留意见专项审计报告如下：

专项审计报告

ABC 有限公司：

我们审计了后附的 ABC 有限公司（以下简称“ABC 公司”）20×3 年度的高新技术产品（服务）收入明细表及有关编制说明。

一、管理层的责任

在企业会计准则框架下，按照《高新技术企业认定管理办法》和《高新技术企业认定管理工作指引》的规定，如实编制高新技术产品（服务）收入明细表，是申报企业管理层的责任。这种责任包括：(1) 设计、实施和维护与高新技术产品（服务）收入明细表相关的内部控制，以使高新技术产品（服务）收入明细表不存在由于舞弊或错误而导致的重大错报；(2) 选择和运用恰当的会计政策；(3) 作出合理的会计估计；(4) 恰当界定高新技术产品（服务）的具体范围。

二、注册会计师的责任

我们的责任是在实施审计工作的基础上对高新技术产品（服务）收入明细表发表审计意见。我们按照《高新技术企业认定专项审计指引》的规定执行了审计工作。《高新技术企业认定专项审计指引》要求我们遵守职业道德规范，计划和实施审计工作以对高新技术产品（服务）收入明细表是否不存在重大错报获取合理保证。

审计工作涉及实施审计程序，以获取有关高新技术产品（服务）收入明细表金额和披露的审计证据。选择的审计程序取决于注册会计师的判断，包括对由于舞弊或错误导致的高新技术产品（服务）收入明细表重大错报风险的评估。在进行风险评估时，我们考虑与高新技术产品（服务）收入明细表编制相关的内部控制，以设计恰当的审计程序，但目的并非对内部控制的有效性发表意见。审计工作还包括评价管理层选用相关会计政策的恰当性和作出相关会计估计的合理性，以及评价高新技术产品（服务）收入明细表的总体列报。

我们相信，我们获取的审计证据是充分、适当的，为发表审计意见提供了基础。

三、审计意见

我们认为，ABC 公司 20×3 年度的高新技术产品（服务）收入明细表已在企业会计准则框架下，按照《高新技术企业认定管理办法》和《高新技术企业认定管理工作指引》的规定编制，在所有重大方面公允反映了 ABC 公司在 20×3 年度的高新技术产品（服务）收入情况。

四、编制基础及使用限制

我们注意到如高新技术产品（服务）收入明细表编制说明第××所述，ABC公司20×3年度的高新技术产品（服务）收入明细表是在企业会计准则框架下，按照《高新技术企业认定管理办法》和《高新技术企业认定管理工作指引》的规定编制的，可能不适用于其他目的。本报告仅供ABC公司申报高新技术企业认定时使用，不得用于其他目的。本段内容不影响已发表的审计意见。

××会计师事务所	中国注册会计师：×××
（盖章）	（签名并盖章）
	中国注册会计师：×××
	（签名并盖章）
中国××市	二〇×四年××月××日

（二）带强调事项段的专项审计报告

1. 强调事项段的含义

专项审计报告的强调事项段是指注册会计师在审计意见段之后，在编制基础及使用限制段之前增加的对重大事项予以强调的段落。

强调事项应当同时符合下列条件：

（1）可能对《研究开发费用结构明细表》和《高新技术产品（服务）收入明细表》产生重大影响，但申报企业进行了恰当的处理，且在申报明细表及其编制说明中作了充分披露；

（2）不影响注册会计师发表的审计意见。

注册会计师在审计意见段之前增加说明段，用来说明发表保留意见、否定意见和无法表示意见的理由；而在意见段之后增加强调事项段，只是增加专项审计报告的信息含量，提高专项审计报告的有用性，不影响发表的审计意见。如果以强调事项段代替发表审计意见，就会导致专项审计报告类型出现混乱。

2. 增加强调事项段的情形

当存在可能对《研究开发费用结构明细表》和《高新技术产品（服务）收入明细表》产生重大影响的不确定事项、但不影响已发表的审计意见时，注册会计师应当考虑在审计意见段之后增加强调事项段对此予以强调。

不确定事项是指其结果依赖于未来行动或事项，不受申报企业的直接控制，但可能影响《研究开发费用结构明细表》和《高新技术产品（服务）收入明细表》的事项。

注册会计师在理解不确定事项时，应当把握下列特征：（1）不确定事项的结果依赖于未来行动或事项；（2）不确定事项不受申报企业的直接控制，在管理层批准《研究开发费用结构明细表》和《高新技术产品（服务）收入明细表》日，不可能获得更多信息消除该不确定事项；（3）不确定事项可能影响《研究开发费用结构明细表》和《高新技术产品（服务）收入明细表》，但影响并不遥远，可以预计在未来时日得到解决。

3. 带强调事项段专项审计报告的格式

（1）针对研究开发费用结构明细表的带强调事项段的专项审计报告参见示例 7 – 14。

示例 7 – 14： 带强调事项段的专项审计报告如下：

专项审计报告

ABC 有限公司：

我们审计了后附的 ABC 有限公司（以下简称“ABC 公司”）20 ×1 年度、20 ×2 年度和 20 ×3 年度的研究开发费用结构明细表及有关编制说明。

一、管理层的责任

在企业会计准则框架下，按照《高新技术企业认定管理办法》和《高新技术企业认定管理工作指引》的规定，如实编制研究开发费用结构明细表，是申报企业管理层的责任。这种责任包括：（1）设计、实施和维护与研究开发费用结构明细表相关的内部控制，以使研究开发费用结构明细表不存在由于舞弊或错误而导致的重大错报；（2）选择和运用恰当的会计政策；（3）作出合理的会计估计；（4）恰当界定研究开发项目的具体范围。

二、注册会计师的责任

我们的责任是在实施审计工作的基础上对研究开发费用结构明细表发表审计意见。我们按照《高新技术企业认定专项审计指引》的规定执行了审计工作。《高新技术企业认定专项审计指引》要求我们遵守职业道德规范，计划和实施审计工作以对研究开发费用结构明细表是否不存在重大错报获取合理保证。

审计工作涉及实施审计程序，以获取有关研究开发费用结构明细表金额和披露的审计证据。选择的审计程序取决于注册会计师的判断，包括对由于舞弊或错误导致的研究开发费用结构明细表重大错报风险的评估。在进行风险评估时，我们考虑与研究开发费用结构明细表编制相关的内部控制，以设计恰当的审计程序，但目的并非对内部控制的有效性发表意见。审计工作还包括评价管理层选用相关会计政策的恰当性和作出相关会计估计的合理性，以及评价研究开发费用结构明细表的总体列报。

我们相信，我们获取的审计证据是充分、适当的，为发表审计意见提供了基础。

三、审计意见

我们认为，ABC公司20×1年度、20×2年度和20×3年度的研究开发费用结构明细表已在企业会计准则框架下，按照《高新技术企业认定管理办法》和《高新技术企业认定管理工作指引》的规定编制，在所有重大方面公允反映了ABC公司在所审计期间的研究开发费用情况。

四、强调事项

我们提醒研究开发费用结构明细表使用者关注，如ABC公司研究开发费用结构明细表编制说明××所述，[说明存在重大不确定性的事项]。本段内容不影响已发表的审计意见。

五、编制基础及使用限制

我们注意到如研究开发费用结构明细表编制说明第××所述，ABC公司20×1年度、20×2年度和20×3年度的研究开发费用结构明细表是在企业会计准则框架下，按照《高新技术企业认定管理办法》和《高新技术企业认定管理工作指引》的规定编制的，可能不适用于其他目的。本报告仅供ABC公司申报高新技术企业认定时使用，不得用于其他目的。本段内容不影响已发表的审计意见。

××会计师事务所　　　　　　　　　中国注册会计师：×××
（盖章）　　　　　　　　　　　　　（签名并盖章）
　　　　　　　　　　　　　　　　　中国注册会计师：×××
　　　　　　　　　　　　　　　　　　（签名并盖章）
中国××市　　　　　　　　　　　　二〇×四年××月××日

（2）针对高新技术产品（服务）收入明细表的带强调事项段的专项审计报告参见示例7-15。

示例7-15：带强调事项段的专项审计报告如下：

专项审计报告

ABC有限公司：

我们审计了后附的ABC有限公司（以下简称“ABC公司”）20×3年度的高新技术产品（服务）收入明细表及有关编制说明。

一、管理层的责任

在企业会计准则框架下，按照《高新技术企业认定管理办法》和《高新技术企业认定管理工作指引》的规定，如实编制高新技术产品（服务）收入明细表，是申报企业管理层的责任。这种责任包括：（1）设计、实施和维护与高新技术产品（服务）收入明细表相关的内部控制，以使高新技术产品（服务）收入明细表不存在由于舞弊或错误而导致的重大错报；（2）选择和运用恰当的会计政策；（3）作出合理的会计估计；（4）恰当界定高新技术产品（服务）的具体范围。

二、注册会计师的责任

我们的责任是在实施审计工作的基础上对高新技术产品（服务）收入

明细表发表审计意见。我们按照《高新技术企业认定专项审计指引》的规定执行了审计工作。《高新技术企业认定专项审计指引》要求我们遵守职业道德规范，计划和实施审计工作以对高新技术产品（服务）收入明细表是否不存在重大错报获取合理保证。

审计工作涉及实施审计程序，以获取有关高新技术产品（服务）收入明细表金额和披露的审计证据。选择的审计程序取决于注册会计师的判断，包括对由于舞弊或错误导致的高新技术产品（服务）收入明细表重大错报风险的评估。在进行风险评估时，我们考虑与高新技术产品（服务）收入明细表编制相关的内部控制，以设计恰当的审计程序，但目的并非对内部控制的有效性发表意见。审计工作还包括评价管理层选用相关会计政策的恰当性和作出相关会计估计的合理性，以及评价高新技术产品（服务）收入明细表的总体列报。

我们相信，我们获取的审计证据是充分、适当的，为发表审计意见提供了基础。

三、审计意见

我们认为，ABC 公司 20×3 年度的高新技术产品（服务）收入明细表已在企业会计准则框架下，按照《高新技术企业认定管理办法》和《高新技术企业认定管理工作指引》的规定编制，在所有重大方面公允反映了 ABC 公司在 20×3 年度的高新技术产品（服务）收入情况。

四、强调事项

我们提醒高新技术产品（服务）收入明细表使用者关注，如 ABC 公司高新技术产品（服务）收入明细表编制说明第××所述，[说明存在重大不确定性的事项]。本段内容不影响已发表的审计意见。

五、编制基础及使用限制

我们注意到如高新技术产品（服务）收入明细表编制说明第××所述，ABC 公司 20×3 年度的高新技术产品（服务）收入明细表是在企业会计准则框架下，按照《高新技术企业认定管理办法》和《高新技术企业认定管理工作指引》的规定编制的，可能不适用于其他目的。本报告仅供

ABC公司申报高新技术企业认定时使用，不得用于其他目的。本段内容不影响已发表的审计意见。

××会计师事务所　　　　　　　　中国注册会计师：×××
（盖章）　　　　　　　　　　　　（签名并盖章）
　　　　　　　　　　　　　　　中国注册会计师：×××
　　　　　　　　　　　　　　　　（签名并盖章）
中国××市　　　　　　　　　　　二〇×四年××月××日

（三）保留意见的专项审计报告

1. 出具保留意见专项审计报告应考虑的情形

如果认为《研究开发费用结构明细表》和《高新技术产品（服务）收入明细表》整体是公允的，但还存在下列情形之一，注册会计师应当出具保留意见的专项审计报告：

（1）注册会计师与管理层在有关研究开发费用或高新技术产品（服务）收入的会计政策的选用、会计估计的作出或披露方面存在分歧，或者认为管理层未按照《高新技术企业认定管理办法》和《高新技术企业认定管理工作指引》的规定编制《研究开发费用结构明细表》和《高新技术产品（服务）收入明细表》，虽影响重大，但不至于出具否定意见的专项审计报告；

（2）因审计范围受到限制，不能获取充分、适当的审计证据，虽影响重大，但不至于出具无法表示意见的专项审计报告。

当出具保留意见的专项审计报告时，注册会计师应当在审计意见段中使用“除……的影响外”等术语。如果因审计范围受到限制，还应当在注册会计师的责任段中提及这一情况。

应当指出的是，只有当注册会计师认为《研究开发费用结构明细表》和《高新技术产品（服务）收入明细表》就其整体而言是公允的，但还存在对《研究开发费用结构明细表》和《高新技术产品（服务）收入明细表》产生重大影响的情形，才能出具保留意见的专项审计报告。如果注册会计师认为所报告的情形对《研究开发费用结构明细表》和《高新技术产品（服务）收入明细表》产生的影响极为严重，则应出具否定意见的专项审计报告或无法表示意见的专项审计报告。

如果有关研究开发费用或高新技术产品（服务）收入的会计政策的选用、会计估计的作出或披露不符合适用的会计准则和相关会计制度，或《研究开发费用结构明细表》和《高新技术产品（服务）收入明细表》未按照《高新技术企业认定管理办法》和《高新技术企业认定管理工作指引》的规定编制，注册会计师在判断其影响是否重大时，应当考虑该影响所涉及的金额或性质并与确定的重要性水平进行比较。

注册会计师因审计范围受到限制而出具保留意见的专项审计报告，取决于无法实施的审计程序对形成审计意见的重要性。注册会计师在判断重要性时，应当考虑有关事项潜在影响的性质和范围以及在《研究开发费用结构明细表》和《高新技术产品（服务）收入明细表》中的重要程度。当注册会计师因审计范围受到限制而出具保留意见的专项审计报告时，意见段的措辞应当表明保留意见是针对审计范围对《研究开发费用结构明细表》和《高新技术产品（服务）收入明细表》可能产生的影响而不是针对审计范围限制本身。

2. 保留意见专项审计报告的格式

（1）针对研究开发费用结构明细表的保留意见专项审计报告参见示例7－16。

示例7－16：保留意见专项审计报告如下：

专项审计报告

ABC有限公司：

我们审计了后附的ABC有限公司（以下简称“ABC公司”）20×1年度、20×2年度和20×3年度的研究开发费用结构明细表及有关编制说明。

一、管理层的责任

在企业会计准则框架下，按照《高新技术企业认定管理办法》和《高新技术企业认定管理工作指引》的规定，如实编制研究开发费用结构明细表，是申报企业管理层的责任。这种责任包括：（1）设计、实施和维护与研究开发费用结构明细表相关的内部控制，以使研究开发费用结构明细表不存在由于舞弊或错误而导致的重大错报；（2）选择和运用恰当的会计政策；（3）作出合理的会计估计；（4）恰当界定研究开发项目的具体范围。

二、注册会计师的责任

我们的责任是在实施审计工作的基础上对研究开发费用结构明细表发表审计意见。除下段“三、导致保留意见的事项”所述事项外，我们按照《高新技术企业认定专项审计指引》的规定执行了审计工作。《高新技术企业认定专项审计指引》要求我们遵守职业道德规范，计划和实施审计工作以对研究开发费用结构明细表是否不存在重大错报获取合理保证。

审计工作涉及实施审计程序，以获取有关研究开发费用结构明细表金额和披露的审计证据。选择的审计程序取决于注册会计师的判断，包括对由于舞弊或错误导致的研究开发费用结构明细表重大错报风险的评估。在进行风险评估时，我们考虑与研究开发费用结构明细表编制相关的内部控制，以设计恰当的审计程序，但目的并非对内部控制的有效性发表意见。审计工作还包括评价管理层选用相关会计政策的恰当性和作出相关会计估计的合理性，以及评价研究开发费用结构明细表的总体列报。

我们相信，我们获取的审计证据是充分、适当的，为发表审计意见提供了基础。

三、导致保留意见的事项

ABC 公司 20×1 年度、20×2 年度和 20×3 年度的研究开发费用结构明细表反映的 20×3 年度研究开发费用合计为××万元，其中××万元的委托外部研发费用，由于 ABC 公司未能提供相关文件及凭证，致使我们无法就其获取充分、适当的审计证据。

四、审计意见

我们认为，除前段所述事项可能产生的影响外，ABC 公司 20×1 年度、20×2 年度和 20×3 年度的研究开发费用结构明细表已在企业会计准则框架下，按照《高新技术企业认定管理办法》和《高新技术企业认定管理工作指引》的规定编制，在所有重大方面公允反映了 ABC 公司在所审计期间的研究开发费用情况。

五、编制基础及使用限制

我们注意到如研究开发费用结构明细表编制说明第××所述，ABC 公司 20×1 年度、20×2 年度和 20×3 年度的研究开发费用结构明细表是在企业会计准则框架下，按照《高新技术企业认定管理办法》和《高新技术企业认定管理工作指引》的规定编制的，可能不适用于其他目的。本报告仅供 ABC 公司申报高新技术企业认定时使用，不得用于其他目的。本段内容不影响已发表的审计意见。

××会计师事务所　　　　　　　　　　中国注册会计师：×××
（盖章）　　　　　　　　　　　　　　（签名并盖章）
　　　　　　　　　　　　　　　　　　中国注册会计师：×××
　　　　　　　　　　　　　　　　　　（签名并盖章）
中国××市　　　　　　　　　　　　　二〇×四年××月××日

（2）针对高新技术产品（服务）收入明细表的保留意见专项审计报告参见示例 7-17。

示例 7-17：保留意见专项审计报告如下：

专项审计报告

ABC 有限公司：

我们审计了后附的 ABC 有限公司（以下简称“ABC 公司”）20×3 年度的高新技术产品（服务）收入明细表及有关编制说明。

一、管理层的责任

在企业会计准则框架下，按照《高新技术企业认定管理办法》和《高新技术企业认定管理工作指引》的规定，如实编制高新技术产品（服务）收入明细表，是申报企业管理层的责任。这种责任包括：(1) 设计、实施和维护与高新技术产品（服务）收入明细表相关的内部控制，以使高新技术产品（服务）收入明细表不存在由于舞弊或错误而导致的重大错报；(2) 选择和运用恰当的会计政策；(3) 作出合理的会计估计；(4) 恰当界定高新技术产品（服务）的具体范围。

二、注册会计师的责任

我们的责任是在实施审计工作的基础上对高新技术产品（服务）收入明细表发表审计意见。除下段“三、导致保留意见的事项”所述事项外，我们按照《高新技术企业认定专项审计指引》的规定执行了审计工作。《高新技术企业认定专项审计指引》要求我们遵守职业道德规范，计划和实施审计工作以对高新技术产品（服务）收入明细表是否不存在重大错报获取合理保证。

审计工作涉及实施审计程序，以获取有关高新技术产品（服务）收入明细表金额和披露的审计证据。选择的审计程序取决于注册会计师的判断，包括对由于舞弊或错误导致的高新技术产品（服务）收入明细表及有关编制说明重大错报风险的评估。在进行风险评估时，我们考虑与高新技术产品（服务）收入明细表编制相关的内部控制，以设计恰当的审计程序，但目的并非对内部控制的有效性发表意见。审计工作还包括评价管理层选用相关会计政策的恰当性和作出相关会计估计的合理性，以及评价高新技术产品（服务）收入明细表的总体列报。

我们相信，我们获取的审计证据是充分、适当的，为发表审计意见提供了基础。

三、导致保留意见的事项

ABC 公司 20×3 年度的高新技术产品（服务）收入明细表反映的 20×3 年度高新技术产品（服务）收入合计为××万元，其中××万元的技术转让收入，由于ABC公司未能提供相关文件及凭证，致使我们无法就其获取充分、适当的审计证据。

四、审计意见

我们认为，除前段所述事项可能产生的影响外，ABC公司20×3年度高新技术产品（服务）收入明细表已在企业会计准则框架下，按照《高新技术企业认定管理办法》和《高新技术企业认定管理工作指引》的规定编制，在所有重大方面公允反映了ABC公司20×3年度的高新技术产品（服务）收入情况。

五、编制基础及使用限制

我们注意到如高新技术产品（服务）收入明细表编制说明第××所述，ABC公司20×3年度的高新技术产品（服务）收入明细表是在企业会计准则框架下，按照《高新技术企业认定管理办法》和《高新技术企业认定管理工作指引》的规定编制的，可能不适用于其他目的。本报告仅供ABC公司申报高新技术企业认定时使用，不得用于其他目的。本段内容不影响已发表的审计意见。

××会计师事务所　　　　　　　　中国注册会计师：×××
（盖章）　　　　　　　　　　　　（签名并盖章）
　　　　　　　　　　　　　　　　中国注册会计师：×××
　　　　　　　　　　　　　　　　（签名并盖章）
中国××市　　　　　　　　　　　二〇×四年××月××日

（四）否定意见的专项审计报告

1. 出具否定意见专项审计报告应考虑的情形

如果认为研究开发费用或高新技术产品（服务）收入的会计政策的选用、会计估计的作出或披露不符合适用的会计准则和相关会计制度，或者认为《研究开发费用结构明细表》和《高新技术产品（服务）收入明细表》未按照《高新技术企业认定管理办法》和《高新技术企业认定管理工作指引》的规定编制，未能在所有重大方面公允反映申报企业在所审计期间的《研究开发费用结构明细表》和《高新技术产品（服务）收入明细表》情况，注册会计师应当出具否定意见的专项审计报告。

当出具否定意见的专项审计报告时，注册会计师应当在审计意见段中使用“由于上述问题造成的重大影响”“由于受到前段所述事项的重大影响”等术语。

2. 否定意见专项审计报告的格式

针对高新技术产品（服务）收入明细表的否定意见专项审计报告参见示例 7－18。

示例 7－18：否定意见专项审计报告如下：

专项审计报告

ABC 有限公司：

我们审计了后附的 ABC 有限公司（以下简称“ABC 公司”）20×3 年度的高新技术产品（服务）收入明细表及有关编制说明。

一、管理层的责任

在企业会计准则框架下，按照《高新技术企业认定管理办法》和《高新技术企业认定管理工作指引》的规定，如实编制高新技术产品（服务）收入明细表，是申报企业管理层的责任。这种责任包括：（1）设计、实施和维护与高新技术产品（服务）收入明细表相关的内部控制，以使高新技术产品（服务）收入明细表不存在由于舞弊或错误而导致的重大错报；（2）选择和运用恰当的会计政策；（3）作出合理的会计估计；（4）恰当界定高新技术产品（服务）的具体范围。

二、注册会计师的责任

我们的责任是在实施审计工作的基础上对高新技术产品（服务）收入明细表发表审计意见。我们按照《高新技术企业认定专项审计指引》的规定执行了审计工作。《高新技术企业认定专项审计指引》要求我们遵守职业道德规范，计划和实施审计工作以对高新技术产品（服务）收入明细表是否不存在重大错报获取合理保证。

审计工作涉及实施审计程序，以获取有关高新技术产品（服务）收入明细表金额和披露的审计证据。选择的审计程序取决于注册会计师的判断，包括对由于舞弊或错误导致的高新技术产品（服务）收入明细表重大错报风险的评估。在进行风险评估时，我们考虑与高新技术产品（服务）收入明细表编制相关的内部控制，以设计恰当的审计程序，但目的并非对内部控制的有效性发表意见。审计工作还包括评价管理层选用相关会计政策的恰当性和作出相关会计估计的合理性，以及评价高新技术产品（服务）收入明细表的总体列报。

我们相信，我们获取的审计证据是充分、适当的，为发表审计意见提供了基础。

三、导致否定意见的事项

ABC 公司 20×3 年度高新技术产品（服务）收入明细表反映的 20×3 年度的高新技术产品（服务）收入合计为××万元，其中××万元不符合《高新技术企业认定管理工作指引》关于高新技术产品（服务）收入分类的规定，如果予以剔除，ABC 公司 20×3 年度的高新技术产品（服务）收入应为××万元，占 ABC 公司 20×3 年度总收入的比例将减少至××%。我们提出了调整建议，但 ABC 公司未予采纳。

四、审计意见

由于受到前段所述事项的重大影响，ABC 公司 20×3 年度的高新技术产品（服务）收入明细表没有按照《高新技术企业认定管理办法》和《高新技术企业认定管理工作指引》的规定编制，未能在所有重大方面公允反映 ABC 公司 20×3 年度的高新技术产品（服务）收入情况。

××会计师事务所　　　　　　　　中国注册会计师：×××
（盖章）　　　　　　　　　　　　（签名并盖章）
　　　　　　　　　　　　　　　　中国注册会计师：×××
　　　　　　　　　　　　　　　　（签名并盖章）
中国××市　　　　　　　　　　　二〇×四年××月××日

（五）无法表示意见的专项审计报告

1. 出具无法表示意见专项审计报告应考虑的情形

如果审计范围受到限制可能产生的影响非常重大和广泛，不能获取充分、适当的审计证据，以至于无法对《研究开发费用结构明细表》和《高新技术产品（服务）收入明细表》发表审计意见，注册会计师应当出具无法表示意见的专项审计报告。

当出具无法表示意见的专项审计报告时，注册会计师应当删除注册会计师的责任段，并在审计意见段中使用“由于审计范围受到限制可能产生的影响非常重大和广泛”“我们无法对上述《研究开发费用结构明细表》和《高新技术产品（服务）收入明细表》发表意见”等术语。

无法表示意见不同于否定意见，它通常仅仅适用于注册会计师不能获取充分、适当的审计证据的情形。如果注册会计师发表否定意见，必须获取充分、适当的审计证据。无论是无法表示意见还是否定意见，都只有在非常严重的情形下采用。

2. 无法表示意见专项审计报告的格式

针对研究开发费用结构明细表的无法表示意见专项审计报告参见示例7－19。

示例7－19：无法表示意见专项审计报告如下：

专项审计报告

ABC有限公司：

我们接受委托，审计后附的ABC有限公司（以下简称“ABC公司”）20×1年度、20×2年度和20×3年度的研究开发费用结构明细表及有关编制说明。

一、管理层的责任

在企业会计准则框架下，按照《高新技术企业认定管理办法》和《高新技术企业认定管理工作指引》的规定，如实编制研究开发费用结构明细表，是申报企业管理层的责任。这种责任包括：（1）设计、实施和维护与研究开发费用结构明细表相关的内部控制，以使研究开发费用结构明细表不存在由于舞弊或错误而导致的重大错报；（2）选择和运用恰当的会计政策；（3）作出合理的会计估计；（4）恰当界定研究开发项目的具体范围。

二、导致无法表示意见的事项

贵公司未提供科研项目的计划和预算，对研发费用支出缺乏相关的内部控制，也未见科研项目的研究记录。因此，我们无法就 ABC 公司 20×1 年度、20×2 年度和 20×3 年度的研发费用支出获取充分、适当的审计证据。

三、审计意见

由于上述审计范围受到限制可能产生的影响非常重大和广泛，我们无法对 ABC 公司 20×1 年度、20×2 年度和 20×3 年度的研究开发费用结构明细表发表意见。

××会计师事务所　　　　中国注册会计师：×××
（盖章）　　　　　　　　（签名并盖章）
　　　　　　　　　　　　中国注册会计师：×××
　　　　　　　　　　　　（签名并盖章）
中国××市　　　　　　　二〇×四年××月××日

五、研究开发费用结构明细表和高新技术产品（服务）收入明细表及其编制说明参考格式

（一）研究开发费用结构明细表及其编制说明参考格式

1. 按年编制的研究开发费用结构明细表（见表 7－11）

表 7-11　　研究开发费用结构明细表

项目 ＼ 本期发生额 ＼ 研究开发项目编号	RD01	RD02	RD03	RD04	RD ***	合计
一、内部研究开发费用						
其中：						
人员人工						
直接投入						
折旧费用与长期待摊费用摊销						
设计费用						
装备调试费用与试验费用						
无形资产摊销						
其他费用						
二、委托外部研究开发费用						
其中：境内的外部研发费用						
三、研究开发费用（内、外部）小计						

2. 编制说明参考格式

ABC 有限公司

研究开发费用结构明细表编制说明

20×1 年 1 月 1 日至 20×3 年 12 月 31 日

金额单位：人民币万元

一、公司基本情况

提示：公司基本情况应当采用简洁的语言，一般应分段表述。其内容主要包括基本沿革、所处行业、经营范围、主要产品或提供的劳务、分支机构等有关资料。

ABC 有限公司（以下简称“公司”或“本公司”）于××年×月×日在××市场监督管理局登记注册，取得统一社会信用代码为××的《营业执照》，现有注册资本××元。

本公司属××行业。经营范围：××。主要产品或提供的劳务：××。

[本公司下设××、××等分支机构。]

二、研究开发费用结构明细表的编制基础

本公司在企业会计准则框架下，按照《高新技术企业认定管理办法》和《高新技术企业认定管理工作指引》的规定编制研究开发费用结构明细表。

三、公司采用的编制原则和方法

提示：研究开发费用结构明细表是根据《高新技术企业认定管理办法》和《高新技术企业认定管理工作指引》的规定，对研究开发费用进行归集而编制的。公司应当说明各项研究开发费用的归集方法、依据以及重要估计。

（一）人员人工

人员人工包括科技人员的工资薪金、基本养老保险费、基本医疗保险费、失业保险费、工伤保险费、生育保险费和住房公积金，以及外聘科技人员的劳务费用。

本公司科技人员指直接从事研发和相关技术创新活动，以及专门从事上述活动的管理和提供直接技术服务的，累计实际工作时间在183天以上的人员，包括在职、兼职和临时聘用人员。

……

（二）直接投入

直接投入是指为实施研究开发活动而实际发生的相关支出。包括：直接消耗的材料、燃料和动力费用；用于中间试验和产品试制的模具、工艺装备开发及制造费，不构成固定资产的样品、样机及一般测试手段购置费，试制产品的检验费；用于研究开发活动的仪器、设备的运行维护、调整、检验、检测、维修等费用，以及通过经营租赁方式租入的用于研发活动的固定资产租赁费。

……

（三）折旧费用与长期待摊费用摊销

折旧费用是指为执行研究开发活动而购置的仪器和设备以及研究开发项目在用建筑物的折旧费用。本公司各类固定资产的折旧年限、残值率如下：

固定资产类别　　　　折旧年限　　　　残值率

1.

2.

（四）设计费用

设计费用是指为新产品和新工艺进行构思、开发和制造，进行工序、技术规范、规程制定、操作特性方面的设计等发生的费用。包括为获得创新性、创意性、突破性产品进行的创意设计活动发生的相关费用。

……

（五）装备调试费用与试验费用

装备调试费用是指工装准备过程中研究开发活动所发生的费用，包括研制特殊、专用的生产机器，改变生产和质量控制程序，或制定新方法及标准等活动所发生的费用。为大规模批量化和商业化生产所进行的常规性工装准备和工业工程发生的费用不计入归集范围。

试验费用包括新药研制的临床试验费、勘探开发技术的现场试验费、田间试验费等。

……

（六）无形资产摊销

无形资产摊销费用是指用于研究开发活动的软件、知识产权、非专利技术（专有技术、许可证、设计和计算方法等）的摊销费用。各类无形资产摊销方法如下：

无形资产类别　　　　摊销年限　　净残值率

1.

2.

（七）委托外部研究开发费用

委托外部研究开发费用是指委托境内其他企业、大学、研究机构、转制院所、技术专业服务机构和境外机构进行的项目成果为公司所有，且与公司的主要经营业务紧密相关的研究开发活动所发生的费用。

委托外部研究开发发生的费用按独立交易的原则确定，按发生额的80%归集。

……

（八）其他费用

其他费用是指上述费用之外与研究开发活动直接相关的其他费用，包括技术图书资料费、资料翻译费、专家咨询费、高新科技研发保险费，研发成果的检索、论证、评审、鉴定、验收费用，知识产权的申请费、注册费、代理费，会议费、差旅费、通信费等。此项费用一般不得超过研究开发总费用的20%，另有规定的除外。

……

四、报告期内主要研究开发项目的基本情况说明

包括项目内容、立项情况、审批情况（如需要）、项目预算情况和截至目前进展情况等。

五、其他说明

提示：详细阐述研究开发费用结构明细表中需要特别说明的有关项目（如关联交易）和公司认为需要说明的其他事项，如申报明细表中对前期已审计财务报表中涉及研究开发支出的重大会计差错的更正情况等。

如：

（一）20×1年至20×3年本公司在中国境内的研究开发费用总额为××万元，占全部研究开发费用总额的比例为××%。

（二）20×1年、20×2年、20×3年本公司发生其他研发费用××万元，占全部研究开发费用总额的比例为××%。

（三）20×1年、20×2年、20×3年本公司累计实现销售收入总额××万元；20×1年、20×2年、20×3年本公司累计研究开发费用总额为××万元；20×1年、20×2年、20×3年本公司累计研究开发费用总额占累计实现销售收入总额的比例为××%。

ABC有限公司

二〇×四年××月××日

（二）高新技术产品（服务）收入明细表及其编制说明参考格式

1. 高新技术产品（服务）收入明细表（见表7－12）

表7－12　　高新技术产品（服务）收入明细表

项目	金额
一、产品收入	
1.	
2.	
3.	
4.	
小计	
二、技术性收入	
1. 技术转让收入	
2. 技术服务收入	
3. 接受委托科研收入	
4.	
小计	
三、高新技术产品（服务）收入合计	

2. 编制说明参考格式

ABC有限公司

高新技术产品（服务）收入明细表编制说明

20×3年度

金额单位：人民币万元

一、公司基本情况

提示：公司基本情况应当采用简洁的语言，一般应分段表述。其内容主要包括基本沿革、所处行业、经营范围、主要产品或提供的劳务、分支机构等有关资料。

ABC有限公司（以下简称“公司”或“本公司”）于××××年××月××日在××市场监督管理局登记注册，取得统一社会信用代码为××

的《营业执照》，现有注册资本××万元。

本公司属××行业。经营范围：××。主要产品或提供的劳务：××。

[本公司下设××、××等分支机构。]

二、高新技术产品（服务）收入明细表的编制基础

本公司在企业会计准则框架下，按照《高新技术企业认定管理办法》和《高新技术企业认定管理工作指引》的规定编制高新技术产品（服务）收入明细表。

三、公司采用的编制原则和方法

提示：高新技术产品（服务）收入明细表是根据《高新技术企业认定管理办法》和《高新技术企业认定管理工作指引》的规定，对高新技术产品（服务）收入归集而编制的。公司应当说明各项高新技术产品（服务）收入的归集方法、依据以及重要估计。

（一）产品收入

产品收入是指通过技术创新、开展研发活动，形成符合《国家重点支持的高新技术领域》要求的产品的销售收入。

……

（二）技术性收入

1. 技术转让收入

技术转让收入是指技术创新成果通过技术贸易、技术转让所获得的收入。

……

2. 技术服务收入

技术服务收入是指利用自己的人力、物力和数据系统等为社会和本企业外的用户提供技术资料、技术咨询与市场评估、工程技术项目设计、数据处理、测试分析及其他类型的服务所获得的收入。

……

3. 接受委托科研收入

接受委托科研收入是指承担社会各方面委托研究开发、中间试验及新

产品开发所获得的收入。

……

四、其他说明

提示：详细阐述高新技术产品（服务）收入明细表中需要特别说明的有关项目（如关联交易）和公司认为需要说明的其他事项。

如：本公司20×3年度高新技术产品（服务）收入计××万元，其中主要产品收入××万元，当年总收入××万元（营业收入××万元+投资收益××万元+其他收益××万元+利息收入××万元+营业外收入××万元+……－不征税收入××万元），高新技术产品（服务）收入占当年总收入的比例为××%，主要产品收入占高新技术产品（服务）收入的比例为××%。

ABC有限公司

二〇×四年××月××日

参考文献

1. 张舸．基于风险导向的高新技术企业认定审计研究［J］．中国市场，2019（8）：86 – 88.

2. 闫瑞华．高新技术企业认定专项审计过程中的难点分析［J］．质量与市场，2022（2）：169 – 171.

3. 中国注册会计师协会．高新技术企业认定专项审计指引［M］．北京：经济科学出版社，2008.

4. 王凤波．科研项目（课题）结题审计操作实务［M］．北京：中国财政经济出版社，2023.

5. 国家税务总局所得税司 科技部政策法规与创新体系建设司．研发费用加计扣除政策执行指引（2.0 版）．2023. 7.

6. 科技部火炬高新技术产业开发中心．中国火炬统计年鉴 2023［M］．北京：中国统计出版社，2023.

7. 北京注册会计师协会专家委员会专家提示〔2014〕第 4 号——高新技术企业认定研究开发费用审计．2014—10—10. http：//www. bicpa. org. cn/p1/tzgg/20141010/42656. html.

8. 浙江省注册会计师协会关于发布《高新技术企业认定专项审计工作底稿》的通知．2019—11—11. https：//www. zicpa. org. cn/luban/detail?parentId = 34&articleId = 5In8iizyXfYtqWJGjTQg5w = =.

9. 浙江省注册会计师协会专业技术委员会专家提示（第 3 号）——高新技术企业认定专项审计实务答疑．2020—4—9. https：//www. zicpa. org. cn/luban/detail?parentId = 34&articleId = T/rRcl4/1zC2Jgoj27oaMw = =.

10. 浙江省注册会计师协会专业技术委员会专家提示（第 4 号）——高新技术企业认定专项审计的风险关注 . 2020—6—9. https：//www. zicpa. org. cn/luban/detail?parentId = 34&articleId = c7nOfUdnkc + AqCo8kO + I1Q = =.

11. 浙江省注册会计师协会专业技术委员会专家提示（第 7 号）——高新技术企业认定专项审计实务答疑 . 2022—4—24. https：//www. zicpa. org. cn/luban/detail?parentId = 34&articleId = oBXiUO82UMlsq2w9Tzx O9Q = =.

12. 河南省注册会计师协会专业技术委员会专家提示（第 1 号）——高新技术企业认定专项审计实务答疑 . 2023—5—30. https：//www. henicpa. org. cn/#/newsDetail?artId = 8872.

13. 锐科技（公众号）. 必须向科技创新要答案——习近平总书记推动科技自立自强战略擘画 . 2023. 5. 29.